こどもスポーツ練習 Q & A
やってみよう
バドミントン

松村美智子

ベースボール・マガジン社

マナブくん

世界で活躍中の日本選手、カッコいい！
松村先生、
強くなる方法、教えて！

スポーツ大好きな男の子

ゆめちゃん

バドミントンって楽しそう！
どんな道具をそろえればいいかな
松村先生に教えてもらいたいな

好奇心いっぱいの女の子

著者 **松村美智子**先生

いろいろ質問や悩みがあるよね
この本でお答えします！

はじめに

　みなさんは、バドミントンは、何歳くらいから始められるスポーツだと思いますか？　だいたい小学校に上がる頃、と思う方が多いかもしれませんね。

　ですが最近、開始年齢は年々低くなっています。以前、私は4歳児教室を開催したことがありますし、青梅ジュニアの最年少選手も5歳と小さいんですよ。

　長年、ジュニアを指導してきて感じるのは、伝えることの難しさです。それがとても小さなこどもならなおさら。

　そこでこの本には、私がどう言えば、こどもたちにうまくなる方法を伝えられるか、考えたすえのやさしい言葉をたくさん散りばめ

この本に出てくるマークの紹介

やってみよう
やってみてほしい動きや練習法

ココが大事！
とくに大事なこと、
意識しておきたいこと

ワンポイントアドバイス
心がけたいこと、
プレーに生かせるポイント

気をつけよう
よくやってしまう悪い動作の例

レベルアップのコツ
より上達するための応用的な
アドバイス

メモ
これも覚えておくといいよ、
というお話

知ってる？
バドミントンに関する豆知識

こちらもチェック➡
あわせて読みたいページの紹介

お伝えする上達法は右利きプレーヤーを想定して解説しています

ました。たとえば、後ろへのフットワークは、「カニさんで動こう」といった具合に、です。

拙書がネットより小さいこどもたちの初めの一歩となり、さらにジュニアクラブの指導者、保護者の方々にご活用いただければ幸いです。全国のこどもたちの成長を楽しみにしています。

もくじ

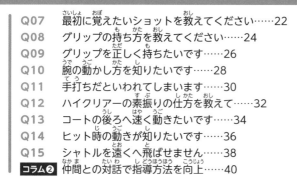

第❹章 いろんなショットを使いこなそう

第❺章 自信のあるサービスを打とう

第❻章 ダブルスをやってみよう

第❼章　よくあるお悩みを解決！

第❽章　試合に出てみよう

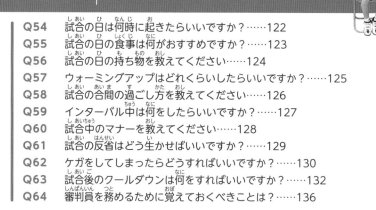

第1章

バドミントンを
始めよう

この章では、
用具やルールのことを
学びます

いろいろ
教えてください！

Q 01 バドミントンって どんなスポーツですか？

A シャトルをラケットで 打ち合うスポーツです

ネットで2つに分けられたコートに、選手が1人か2人ずつ入り、「シャトル」と呼ばれる、鳥の羽根がささったコルクをラケットで打ち合うスポーツです。トップ選手がシャトルを打つと、初速が時速500キロメートルに達することもあります。

しかし、空気抵抗を受けたシャトルは、相手コートに届くまでに速度が急激に落ちていきます。その特徴から、バドミントンにはさまざまな種類のショットがあります。

次に何を打つか、ぎりぎりまで相手にわからせないように打てるようになると、バドミントンがもっとおもしろくなる

バドミントンの種目

バドミントンにはおもに３つの戦う形式があります。

シングルス

１人対１人で競う。いかに相手をたくさん動かすか、考える力や、自陣を１人でカバーできる体力が求められる

ダブルス

２人対２人で競う。相手からの返球が速いため、展開がスピーディー。男女それぞれがペアになる「男子ダブルス」「女子ダブルス」、そして男女がペアになって戦う「混合ダブルス」がある

団体戦

複数の選手やペアがひとつのチームをつくって戦う形式。全国小学生大会は「１ダブルス＆２シングルス」で競う

知ってる？ イギリスで発祥のスポーツ

バドミントンは、コルクに羽根をさし、ラケットで打ち合うイギリスの貴族の遊びを原型にして発展しました。19世紀中頃に「バドミントン・ハウス」という邸宅で、シャトルに似たものを打ち合う記録が残っています。1893年にルールが統一され、世界中にバドミントンが広まっていきました。

Q 02 どんな道具を そろえればいいですか?

公式大会では、だれもが公平で安全に試合をするために、（公財）日本バドミントン協会の認定を受けた検定審査合格品を使用してください。

購入時、審査合格品マークがついているか、チェックしよう

そろえるもの

ラケット

公式大会に出るには、長さ680ミリ以内、幅230ミリ以内のラケットを使う。重さに決まりはない

ヘッド
ラケット上部の丸い外枠部分

シャフト
ヘッドとハンドルをつなぐ棒状の部分

ハンドル
ラケットを握る部分。「グリップ」と呼ぶ人が多い。グリップテープを巻いて、太さを調整する

ストリングス
シャトルを打つ面に張られたナイロン製の糸。「ガット」と呼ぶ人が多い。メーカーが指定する範囲で自分に合った強さで張る

ワンポイントアドバイス　自分に合ったラケットを選ぼう

ラケットは、シャトルを飛ばしやすいシャフトのやわらかいもの、ラケットを振りぬきやすいヘッドが重いものなど、商品によって特性が異なります。初めの1本は標準モデルを選び、2本目で好きなラケットを選ぶとよいでしょう。

A ラケットとシャトル、ウェア、シューズなどです

ウェア
清潔でだれが見ても気持ちがいいウェアを着る。着替えを必ず持つ

シャトル
薄皮でおおわれたコルクと羽根でできている。羽根部分は、天然素材のものと、合成素材のものがある。重さは100円玉くらい（5グラム）

公式試合では、ゼッケンの着用が義務づけられている

ソックス
ロゴやマークが入る場合、20平方センチメートル以内で片足に2つまで

シューズ
自分の足に合ったサイズを選ぶ。靴を脱ぐときはひもをほどき、履くときはしっかりひもを結ぶ

ウェアやパンツの下にアンダーギアを身に着けることもできる

©Getty Images

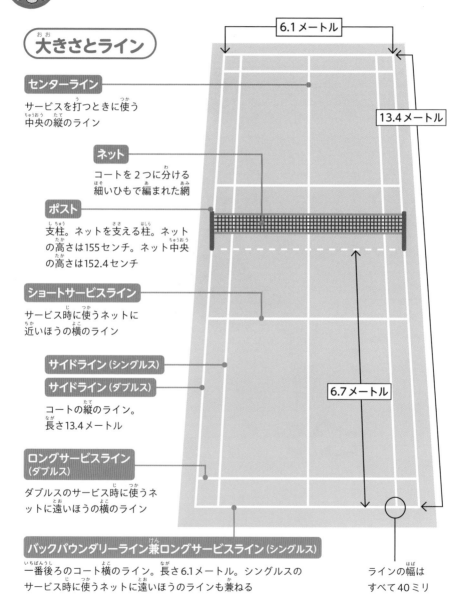

大きさとライン

センターライン
サービスを打つときに使う
中央の縦のライン

ネット
コートを2つに分ける
細いひもで編まれた網

ポスト
支柱。ネットを支える柱。ネット
の高さは155センチ。ネット中央
の高さは152.4センチ

ショートサービスライン
サービス時に使うネットに
近いほうの横のライン

サイドライン（シングルス）

サイドライン（ダブルス）
コートの縦のライン。
長さ13.4メートル

**ロングサービスライン
（ダブルス）**
ダブルスのサービス時に使うネ
ットに遠いほうの横のライン

バックバウンダリーライン兼ロングサービスライン（シングルス）
一番後ろのコート横のライン。長さ6.1メートル。シングルスの
サービス時に使うネットに遠いほうのラインも兼ねる

6.1メートル

13.4メートル

6.7メートル

ラインの幅は
すべて40ミリ

12

A シングルスとダブルスでは 使用範囲が異なります

シングルスとダブルスのコートの範囲

サービス時とラリー時、使用しても いいコートの範囲を示します。シング ルスとダブルスでは、使用できる広さ が異なります。

エリア：サービス時、サーバー側の 得点が偶数のとき使用する

エリア：サービス時、サーバー側の 得点が奇数のとき使用する

シングルスで使用できる範囲

サービス時

ラリー時

ラリー時、サイド で使用しない部分 がある

ダブルスで使用できる範囲

サービス時

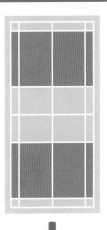

ラリー時

ラリー時、コート 全面を使用する

13

Q 04 ルールを教えてください

2ゲーム先取の3ゲーム制が基本です。1ゲームは21点で、先に2ゲームをとったほうが勝ちです。ただし、20対20になったあとは、延長戦に入り、2点リードしたほうがゲームをとれます。29対29になったときは、30点目を先にとったほうが、ゲームをとれます。

ルール1 ゲームをとる方法

1 相手より先に21点をとる

20対20（20点オール）になる前に先に21点をとろう

2 20点オールのあと、相手より先に2点リードする

同点が続くと、29点オールまで延長戦になる

3 29点オールのあと、相手より先に30点目をとる

29点オールになったら先に30点目をとろう

Ａ 2ゲーム先取の 3ゲーム制です

ルール2 チェンジ・エンズがある

自分たちが戦うエリアを「エンド」といいます。試合では、次の場合、エンドを相手と入れ替えます。

❶ 第1ゲームが終わったあと

❷ 第2ゲームが終わったあと（第3ゲームがあるとき）

❸ 第3ゲームで、どちらかが最初に11点をとったあと

コートには2つのエンドがある

©Getty Images

ルール3 インターバルがある

試合では、次のとき「インターバル」と呼ばれる合間が認められています。インターバル中は、汗ふきや水分補給のほか、コーチからアドバイスも受けられます。

❶ どちらかが11点目をとったとき、60秒を超えないインターバル

❷ 第1ゲームと第2ゲーム、第2ゲームと第3ゲームの間は、120秒を超えないインターバル

インターバル中は、水分補給ほか、主審の許可なしでトイレに行くなどコートを離れることもできる。時間内に戻ること

15

1点をとるには
どうしたらいいですか?

　1点をとるためには、相手がフォルト（反則）するか、シャトルが相手コートに落ちるまで、羽根を打ち返し続けます。1ゲームをとるには、21点になるまでポイントを積み重ねます。

ポイントをとれるとき

1 打ったシャトルが相手側のコート面に触れたとき

打ったシャトルが相手エンド内に落ちたら1点入る

©Getty Images

2 相手側の打ったシャトルが自陣側のネットや支柱に当たったとき

相手が打ったシャトルがネットを越えなかったときに1点入る

©Getty Images

3 相手側がフォルト（反則）をしたとき

サービス時に足全体を動かしてはいけないなど、さまざまなルールがある。ルール違反は「フォルト」となり、相手にポイントが入る

©Getty Images

A 相手コートにシャトルが 落ちるまでラリーします

 ココが大事！ アウトとインを見極めよう

コルクがラインより外側で床に触れた場合は、「アウト」でフォルトとなり、内側の場合は「イン」でフォルトにはなりません。ライン上に着地したシャトルは「イン」になります。

イン コルクがコートの内側に入ったら、打ったほうのポイントになる

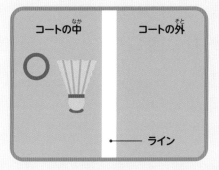

アウト コルクがコートの外側に出たら、対戦相手のポイントになる

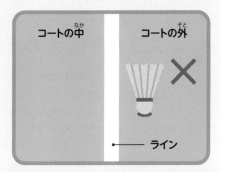

イン コルクすべてがライン上に着地したら、打ったほうのポイントになる

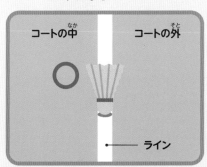

イン コルクの一部がライン上に着地したら、打ったほうのポイントになる

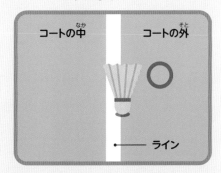

17

Q 06 サービスの立ち位置を教えてください

バドミントンのルールで少し難しいのが、サービス時、どこから打てばいいかです。

自分のスコアが偶数（0を含む）のときは、右側のサービスコートから、奇数のときは左側のサービスコートからサービスしてください。レシーバーはサーバーの対角にあるレシーブコートに立ちます。

サーバーが連続して点をとったときは、次のラリーでサービスコートを移動します。

1 スコアが偶数のとき（0を含む）

▼右サービスコートに立つ

シングルス

ダブルス

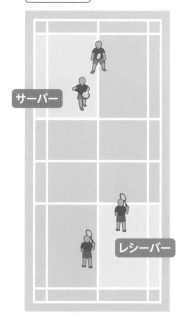

 **A** スコアが偶数のときは
右サービスコートに入ろう

☝ **ココが大事！**

エリア内は自由

サービス時、サーバーもレシーバーもそれぞれのエリア内ならどこに立ってもかまいません。

 メモ✏

ダブルスのレシーバーは位置を変えない

ダブルスでサーバー側がラリーに勝ったとき、同じサーバーがもう一方のサービスコートに移動します。そのとき、レシーブ側は位置を交代せず、同じレシーブコートにとどまってください。次はひとつ前のラリーでレシーブしなかったパートナーがレシーブする順番になります。

 2 ## スコアが奇数のとき
▼左サービスコートに立つ

シングルス

ダブルス

コラム❶

「知ることが楽しい!」が指導の原点

　私が青梅ジュニアを立ち上げたのは、1992年、長男が小学3年生、長女が年長のとき。近隣に強いジュニアクラブがあったのですが、指導者の方がご高齢でクラブを解散することになり、地域にジュニアクラブの設立が求められていたのです。そこで、念願の指導をスタートすることにしました。

　体育大学出身の私は、もともと体育の先生になるのが夢でした。小学生の頃から地域の指導者の方にいろんなことを教えてもらい、強くなる楽しさを感じ、「指導を受けると、自分はこんなに成長できるんだ」と感激したことがきっかけです。「いつか私も成長の喜びを伝えられる指導者になりたい」と思いました。

　その後、教育実習で「先生になるより、社会体育で指導したほうがおもしろそう」と感じ、結局、先生にはなりませんでしたが、こどもたちに「知らないことを知るのは楽しい!」と思ってほしいという気持ちは変わっていません。指導者としての私の原点になっています。

第2章
だい　　　しょう

ハイクリアーから始めよう
はじ

ハイクリアーは
一番基本のショットですよ
いちばんきほん

シャトルを
遠くへ飛ばしたい！
とお　　と

最初に覚えたいショットを教えてください

ハイクリアーはシャトルをコート奥から奥まで高く飛ばすショットです。ビギナーはまずハイクリアーでバドミントンの楽しさを感じましょう。正しいフォームで打てれば、低学年の子でも遠くへ飛ばせます。

ハイクリアーをしっかり打てるようになれば、スマッシュやカットなど攻撃のショットもスムーズにマスターできるはずです。

やってみよう
ハイクリアー

| フォロースルー | インパクト | スイング |

ヒット後は目でシャトルを追う

ラケットは左足まで振りきり、左手は右肩で止める

体より前でシャトルをとらえる

肩、ひじ、手首の順でシャトルをとらえにいく

A シャトルを遠くへ飛ばす ハイクリアーから始めます

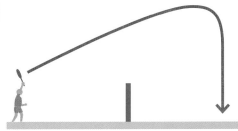

メモ✏ ハイクリアーの軌道

ハイクリアーは、バックバウンダリーラインまでしっかり飛ばし、真上から落ちてくるような軌道が理想的です。試合で追い込まれても、いいハイクリアーを打てれば、自分の体勢を立て直せます。

いいハイクリアーは高い位置から真下に落ちる

テイクバック

構え

左手を体の前方向に
上げる

「敬礼！」のポーズをつくる。
右ひじは肩とほぼ同じ高さに

体の前で「ハ」の字を
つくって構える

こちらもチェック➡P26 ハの字、P32 敬礼のポーズ

23

Q 08 グリップの持ち方を教えてください

A 包丁を握るようにグリップを持ちます

グリップには、床に対してラケット面を縦にした状態で握る「包丁握り」（イースタングリップ）と、ラケット面を横にした状態で握る「フライパン握り」（ウエスタングリッ

プ）があります。

最初に覚えたい握り方は、バック側、つまりラケットを握っていないほうにきたシャトルを返しやすい「包丁握り」です。

包丁握り（イースタングリップ）

包丁を持つような向きで握る。初心者が最初に覚えたい持ち方

フライパン握り（ウエスタングリップ）

フライパンを持つような向きで握る。打てるショットの数が限られるため、初心者にはすすめない持ち方

親指と人さし指の間にVの字ができるように持つ

⚠ 気をつけよう

フライパン握りは
バック側が難しい

　フライパン握りだと、バック側にきたシャトルへの対応が難しいです。ヒットするとき、手のひらが対戦相手に向いたり、ラケット面が床と平行になったりしやすいので、シャトルがなかなかラケットに当たりません。

フライパン握りは、バック時、手のひらが相手に向きやすい

📢 ワンポイントアドバイス

声かけで正しい握りに矯正する

　初心者はフライパン握りになりがちなので、指導者はフライパン握りの選手を見つけたら、「包丁にして〜」と声をかけてあげるといいでしょう。

人さし指が伸びていたら、フライパン握りになっている可能性が高い

🚩 やってみよう　ラケットまわし

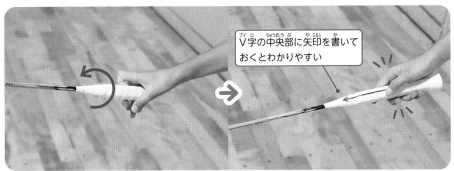

V字の中央部に矢印を書いておくとわかりやすい

グリップを親指と人さし指でクルクルと何度もまわす

だれかが「ギュッ」と声で合図したら、包丁握りになるように、グリップをギュッと握る

25

Q 09 グリップを正しく持ちたいです

A 「ハ」の字をつくって構えてみましょう

　正しくグリップを持てているかは、構え方からチェックできます。正面から見て、ラケットと左腕で「ハ」の字を描けていたら、正しく包丁握りができている証拠です。フライパン握りになっているときは、ラケット面が正面を向き、「ハ」の字になっていません。

構えの体勢をつくる

「ハ」の字がつくれている

「ハ」の字がつくれていない

両手の親指の爪が内側を向いている

ラケット面が正面を向いている

やってみよう1　うちわであおぐ

親指と人さし指を中心にしてうちわを持ち、隣にいる人に風を送る。うちわを持つ感覚は、包丁握りと似ているので、ラケットの正しい握り方をイメージできる

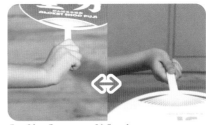

手の甲と手のひらを交互に見せるようにうちわを動かす

リストスタンドする

やってみよう2　シャトル拾い

シャトルをラケットで拾う。正しく包丁握りができていないと、拾うのが難しい。慣れたらバック側も行う

☝ ココが大事！

コルク横にラケットを添える

コルクの横にラケットをセットし、シャトルをすくう瞬間、グリップをギュッと握ると上手にすくえます。

こちらもチェック ➡ P31 リストスタンド

27

A 頭の後ろで両手を
組むことから始めましょう

腕を真上に伸ばしたり、腕を脇にぴったりつけたままだと、シャトルを遠くへ飛ばせません。しかし、ちょうどいい高さに腕や肩を上げて打つと、シャトルによく力が伝わり、遠くへ飛んでいきます。

ちょうどいい腕や肩の高さとは、頭の後ろで両手を組んだときの高さです。この体勢を「ゼロポジション」といい、ハイクリアーをはじめとする、オーバーヘッドのショットを打つときのスタートラインとなります。

ゼロポジションをつくる

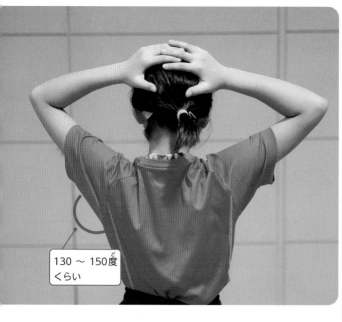

130 〜 150度
くらい

ひじは肩よりやや前

やってみよう シャトルを遠くへ投げる

1 足を伸ばして座って投げる

ゼロポジションをつくる

敬礼のポーズ

右腕は耳をかすめないように

足を伸ばして座った状態で、シャトルを遠くへ投げる。ハイクリアーを打つときの上半身の動きを覚えられる

2 立って投げる

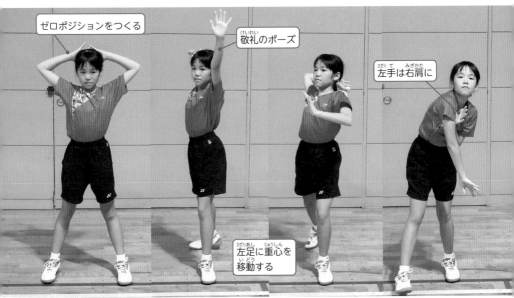

ゼロポジションをつくる

敬礼のポーズ

左手は右肩に

左足に重心を移動する

立った状態でシャトルを投げる。下半身と上半身の両方を使って遠くへ投げる。ハイクリアーを打つときのフォームを覚えられる

こちらもチェック → P32 オーバーヘッドの素振り、P32 敬礼のポーズ

29

Q 11 手打ちだと いわれてしまいます

　腕全体をムチのようにしならせて打つのが正しい打ち方ですが、ひじから先が正しく使えていないと、腕全体が棒のようになり、シャトルを遠くへ飛ばせません。いわゆる“手打ち”の状態です。手打ちを直すためには、「ひじから手首まで」（前腕）をしっかりとひねります。前腕をひねる運動には、「回内」と「回外」の2種類があります。

回内運動

リストスタンドした状態で、ひじを支点にして「手のひら」を上に向けた状態から、「手の甲」が上にくるように手のひらを返したときの前腕の動きのこと

手のひらが上　　　リストスタンド　　　手の甲が上

30

Ⓐ 回内・回外の動きを覚えましょう

 ココが大事！

リストスタンドする

　包丁握りは、ヒット時、手首を立てないと、シャトルにうまく当たりません。手首を立てることを「リストスタンド」といいます。この感覚を覚えましょう。

回外運動

リストスタンドした状態で、ひじを支点にして「手の甲」を上に向けた状態から、「手のひら」が上にくるように手のひらを返したときの前腕の動きのこと

手のひらが上　　　リストスタンド　　　手の甲が上

ハイクリアーの素振りの仕方を教えて

1 右手は「敬礼！」のポーズで

「敬礼」した右手は顔の近くに

右ひじは肩の高さ

左手は斜め前

左ひじは伸ばしきらない

おまわりさんが「敬礼！」をするように、ゼロポジションから右ひじを後ろに引く

2 足は「3時」

！気をつけよう

12時はダメ
両つま先が12時の方向に向くと、ネットと体が向き合ってしまい、敬礼のポーズがつくれません。

「敬礼！」のとき、自分から見て左足は12時、右足は3時の方向に向ける。すると、おへそが横を向き、動きやすい「半身」の体勢になれる

A 最初に「敬礼!」のポーズをしましょう

　打ち始める前にやってほしいのが「素振り」です。ラケットを振りかぶって打つオーバーヘッドのフォー

ムを覚えられれば、ハイクリアーだけでなく、スマッシュやカットを打つための土台をつくれます。

3 右ひじを先に出す

グリップエンドが見えるように

右ひじを先に前へ出し、ひじから先が追いかけていくイメージでラケットを縦に振る。回内運動を使う

4 足は「9時」

ラケットを振りきったあと、自分から見て、左足は9時の方向に向ける

！気をつけよう

横振りしない

　ラケットの重さに負けて、横振りになってしまうジュニアが多いです。ラケットはひじを体の前の高い位置に出し、縦に動かしましょう。

Q13 コートの後ろへ速く動きたいです

いいハイクリアーを飛ばすには、シャトルの落下点の後ろにできるだけ早く入ることが大切です。「後ろにシャトルがくる」と判断したら、素早く「敬礼！」の構えをつくり、おへそをサイドラインへ向ける「半身」の体勢のまま、「カニ」のように横向きで後ろへ移動しましょう。打つときは、「ぴょん」のリズムでシャトルに跳びつきます。

右肩はつねに後ろ側に

2回目

足幅は広く

ヒット時、足を前後に入れ替える

右足で床をけり、「ぴょん」のリズムでシャトルに跳びつく

「カニさん」移動を2回くり返したら、右足に重心をのせる

A 「カニさん、カニさん、ぴょん」を 覚えて

ココが大事！ リズムを覚えよう！

「半身」の体勢で移動するステップは、カニの横歩きに似ているので、ジュニアにはわかりやすいように "カニさん、カニさん" で動こうね」と説明しています。「ぴょん」のタイミングで足を入れ替えてハイクリアーを打ちます。

やってみよう 後ろへのフットワーク

「カニさん、カニさん、ぴょん」のリズムで後ろに下がり、シャトルを打つ。

1回目

両足は完全にはくっつかないように

半身の体勢になる

おへそをサイドライン側に向けたまま移動

右足を後ろに引き、素早く敬礼し、"カニ" の体勢（半身）になる

14 ヒット時の動きが知りたいです

🚩 **やってみよう** ハイクリアー

ギュッ

右足に重心をのせたら、
肩甲骨を寄せるイメー
ジで腕を後ろに引く

右足から左足へ
重心を移す

体のやや前の高い位置でヒット。
打つ瞬間、グリップをギュッと
握りこむ

Ⓐ 打つ瞬間、グリップを強く握ります

「カニさん、カニさん」の動きで、シャトルの後ろまで動いたら、「ぴょん」のリズムで打つ体勢に入ります。右足にのせた重心を左足に移し、ラケットを前に振り出しましょう。シャトルは頭のやや前でとらえます。

左手は右肩の付近に

打ったらシャトルの行方を見る。体はネットに対し正面の位置で止める

ラケットは左足まで振り抜く

ココが大事！

グリップを強く握る

シャトルを遠くへ飛ばすコツは、ヒットの瞬間だけ、グリップを強く握って打つことです。うまくできないときは、P25のラケットまわしの練習をしてください。

シャトルを遠くへ飛ばせません

ハイクリアーを遠くへ飛ばせないときは、シャトルを当てる位置が悪いのかもしれません。しっかりとシャトルの後ろに入って、頭の少し前で打てるようになる練習をしてみましょう。

やってみよう1　ビニールひもをつけて素振り

ひもで虹を描こう

ラケットの先端に1メートルから1.5メートルの長さのビニールひもをくくりつけ、素振りをする

ひもで縦に大きな弧を描き、ひもの先端をなるべく遠くへ飛ばせたら正しくラケットを振れている

！気をつけよう

横にラケットを振らない

ラケットを横に振ってしまうと、ひもは床にすぐ落ちてしまいます。

Ⓐ 正しい打点を覚えましょう

🚩 やってみよう2　シャトルキャッチ

2～3メートル離れて向かい合う。左右にシャトルを投げてもらい、練習する人は両手でキャッチ。慣れてきたら、片手でシャトルをキャッチする

📖 知ってる？ 両眼視を意識する

　両手でシャトルをキャッチすると、右目と左目それぞれから対象物を同じ距離で見る「両眼視」を意識できます。両眼視ができていると、シャトルとの距離感を正確に測る力が増します。

両目で見て距離感を測る力をつける

🏃 レベルアップのコツ

コルクに数字を書く

　コルクの先端にさまざまな数字を書いておき、練習する人はキャッチするとき、数字を読みあげましょう。シャトルをしっかり見る力をつけられます。

ゲーム性が高くなるので楽しくできる

仲間との対話で指導方法を向上

　私が学生時代、バドミントンのラケットは、約130グラムもありましたが、いまでは80グラムを切っています。用具の進化により技術も変わるので、指導も日々、アップロードしなければなりません。

　そこで私が実践しているのは、トップ選手のプレーを試合会場やテレビでよく見ることです。また、定期的に元トップ選手のプロコーチに来ていただき、技術向上のポイントを解説してもらったりしています。一番は選手のためですが、私が情報を取り入れるためでもあるのです。

　そして大切にしているのは、他クラブとの合同練習会です。練習試合ではなく、一緒に練習をすることで指導者同士の情報交換の場が生まれます。普段の悩みに対する解決方法、自分とは違う練習方法・指導方法を発見できます。

　大会になれば、みなライバルですが、バドミントンを通じ、こどもたちに成長してもらいたいという願いは同じ。指導者もお互いに高め合いながら、指導技術を向上させています。

第**3**章
ロブを遠くへ飛ばそう

ロブも大事な
ショットですよ

ちゃんと奥へ
返したいな

ロブを打つとすぐ攻められてしまいます

やってみよう 基本（守り）のロブ

お菓子、ちょうだい

脇は閉じないように

頭を下げない

135度

ラケットと左腕が「ハ」の字になる構えからスタートする

「お菓子、ちょうだい」とねだるように、ラケットを体の前に伸ばす。大振りを防ぐ

リストスタンドする

！気をつけよう

大振りは×

昔、ロブは「水車がまわるように」、肩を支点にしてラケットを大きく振るのがいいとされてきました。しかし、ラケットの軽量化が進んでいるいま、ひじから先の振り上げ動作だけでシャトルは奥へ返ります。

体の後ろから大きくラケットを振らない

A 高く深く飛ばすことを意識しましょう

ラケットを下から振って、シャトルをコート奥へ飛ばすショットをロブといいます。大きく分けて守りと攻めの2種類があります。いつもロブを攻撃されるなら、守りのロブを見直しましょう。しっかり打てれば、ハイクリアーのように対戦相手を奥に追い込み、自分の体勢を立て直す時間をつくれます。打ったあとは、素早く基本の構えに戻りましょう。

バイバイ

90度

人さし指を床の方向に向け、足より前でヒット。回内運動を使ってひじから先を振り上げる

右手を左耳近くまで振り上げる。隣にいる人に「バイバイ」と手を振るつもりで

ココが大事！

踏み込んでから打つ

ロブは、足をしっかり床に踏み込んでから打ってください。全身のパワーがシャトルに伝わりしっかり奥へ飛ばすことができ、ミスを減らせます。

ひざの角度が浅いと力が伝わらない。90度くらいになるまで踏み込む

こちらもチェック→P30 回内運動

43

Q 17 守りのロブの ラケットワークを教えて

A 「8の字」を描く練習を しましょう

　守りのロブが苦手という人は、ひじから先をうまく使えておらず、シャトルをコートの奥へ高く飛ばせない場合が多いです。この課題をクリアするために、ラケットで「8の字」を描く練習をしましょう。P30で学んだ回内・回外運動は、守りのロブを打つときと同じ動作です。

▶ やってみよう　ラケットで「8の字」を描く

STEP 1

リストスタンドし、回内・回外運動を使って、"小さく"8の字を描く。ラケットを振り上げるときは、グリップエンドから上げるつもりで

STEP 2

リストスタンドし、ひじを支点に回内・回外運動を使い、ひざとももの付け根を曲げ伸ばししてリズムをとりながら、8の字を"大きく"描く

☝ ココが大事！ フォアハンドとバックハンドの動きを学ぶ

　手のひらを上にした状態から手の甲を上に返す回内運動は、フォアハンドでロブを打つときの動きと同じ。手の甲を上にした状態から手のひらを上に返す回外運動は、バックハンドでロブを打つときの動きと同じです。

フォアハンドで打つとき

リストスタンドして、上向きにした手のひらを下向きにする（回内運動）

バックハンドで打つとき

リストスタンドして、上向きにした手の甲を下向きにする（回外運動）

STEP 3

ノッカーにシャトルをフォア側とバック側に交互に出してもらい、返球する。続けられると、ラケットで縦に大きな8の字を描く動きになる

こちらもチェック ⇨ P30 回内・回外運動

45

対戦相手を奥へ追い込みたいです

守りのロブより速く低い弾道で「攻めのロブ」を打てれば、対戦相手を効果的にコート奥へ追い込み、体勢をくずせます。しかし、攻めのロブは、高さが中途半端になると、奥にシャトルが届く前に対戦相手につかまってしまいます。高さに気をつけて打ちましょう。

やってみよう 攻めのロブ（アタックロブ）

「ハ」の字の構えのあと、ラケットは体の後ろに引かずに動き始める

プッシュも思わせる体勢で、リストスタンドしラケットを立てながら移動する

Ⓐ 攻めのロブを マスターしましょう

⚠ 気をつけよう

ひじを体にくっつけない

スイング時、ひじと体がくっついて いると、スイングが小さくなります。 これではシャトルが奥に飛びません。

スイングが 小さくなる

徐々にラケット面を 横に傾ける

体の前の高い位置で シャトルをとらえる

車のワイパーが下から上に動く ように素早く打つ。次に甘い球 が返ってくる可能性が高いので、 すぐに攻める準備をする

Q 19 どうしたらロブを遠くへ飛ばせますか?

やってみよう シャトルキャッチ

人さし指は下に向ける

練習する人はフォア側に手投げされたシャトルをラケット面にふわりとのせる。慣れてきたらバック側も行う。打点を覚えることができる

レベルアップのコツ

見える範囲でキャッチ

シャトルは必ず正面を向いた状態で自分から見える範囲でキャッチしてください。体の横や後ろなど、見えない位置でとると、実際にシャトルを打つとき、遠くへ飛ばせません。

A 体の前でシャトルをとらえましょう

ロブを打つとき、シャトルの落下点を予測できず、打点が体の横や後ろになってしまうと、ロブを遠くへ飛ばすことはできません。シャトルに力が伝わらないからです。シャトルは必ず体の前でとらえましょう。

ココが大事！ 左手はバトンを受けとるように

バックハンドでロブを打つとき、右手を体の前にし、左手はリレーでバトンを受けとるように後ろに伸ばしてください。すると、右手の親指は上方向、左手の親指は下方向に向きます。これは体がグッと遠くへ伸びている証拠。シャトルを拾える範囲が広がります。

右親指が上＆左親指が下＝体が伸びる

両親指が上または下＝体が伸びない

メモ

2つのロブの軌道の違い

守りと攻めのロブは軌道が異なります。ロブを打つときは、区別して打ちましょう。打ったあとの対処も異なります。

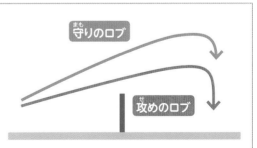

守りのロブ

攻めのロブ

A 最初に左足の土踏まずを
行きたい方向に向けて

やってみよう スタート時の足さばき

**フォア前へ
移動**

フォア前にシャトルが
くると判断したら、ま
ず左足の土踏まずを支
柱の方向に向ける

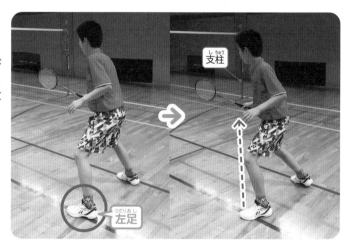

**バック前へ
移動**

バック前にシャトルが
くると判断したら、ま
ず左足の土踏まずを支
柱の方向に向ける

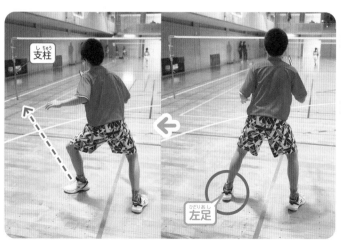

ネット前へ移動するフットワークには、走るように動く「ランニングステップ」、足をクロスさせて動く「クロスステップ」、動きたい方向に足を出してから、逆の足を引きつける「シャセ」などがあります。

どのフットワークを使う場合でも速く動くためのカギは「左足」です。ネット前にシャトルがくると判断したら、まず左足の土踏まずを行きたい方向にある支柱に向けてから動き始めてください。

ココが大事！

体の前にラケットを出す

左足の土踏まずを支柱に向けたら、ラケットを体の前にすぐ出してください。シャトルへのタッチが早くなります。

ラケットを出す

左足を動かす

ワンポイントアドバイス　左足のけりのパワーを速さに変えよう

シャトルのヒット時、右足が踏み込み足になるのに対し、左足はスタート時、床をける足になります。しっかり左足で床をけることができると、スタートが速くなり、フットワーク全体が速くなります。

床をける

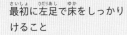

最初に左足で床をしっかりけること

ネット前への動き方を教えてください

フォア前ランニングステップ

右足→左足→右足と前にある足を追い越していく。

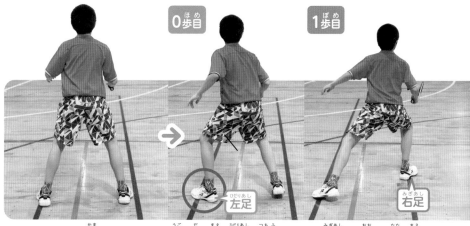

0歩目

1歩目

左足

右足

センターで構える

動き出す前に左足の土踏まずを支柱に向ける

右足から大きく斜め前に踏み出す

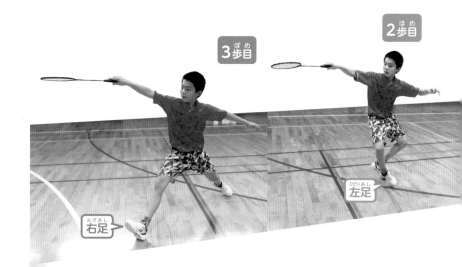

3歩目

2歩目

左足

右足

52

A ランニングステップから 覚えましょう

　フットワークには、いろいろな種類がありますが、まず基本の「ランニングステップ」を覚えましょう。

　フォア側でもバック側でも、前へ動くときは、最初に左足の土踏まずを支柱に向けることを忘れずに！

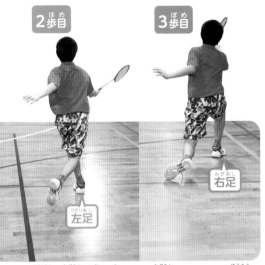

2歩目

3歩目

左足で右足を追い越す

右足をシャトルの方向に向けて大きく出す

ココが大事！

最後の1歩はかかとから

　かかとから着地すると、前へ踏み込む力が生まれるだけでなく、体のバランスが安定するので、ミスの防止にもなります。

1歩目

0歩目

バック前 クロスステップ

　左足の土踏まずを支柱に向けたら、1歩目の右足に左足をクロスさせる。同時に左足で床をけり、右足で踏み込む。ランニングステップに慣れたら、クロスステップも覚えよう。

ロブのあと、どんな準備をすればいいですか?

　自分が打ったロブが、守りの場合、対戦相手は打てるショットの選択肢が多い状況です。そのため、ヒット後はすぐにコートの真ん中に戻り、ラケットを低い位置にして構えてください。何を打たれても対応できる守りの体勢をつくります。

　攻めのロブのあとは、相手をコート奥へ追い込んだあとなので、チャンス球がくる可能性があります。ラケットを高く上げ、攻撃できる体勢を整えましょう。

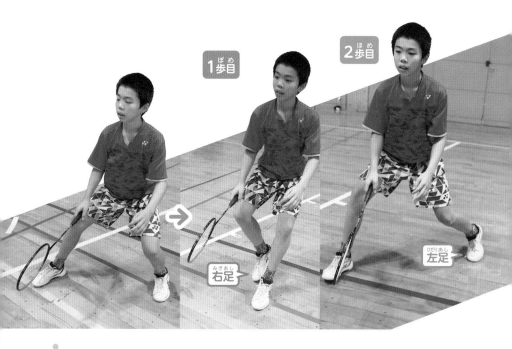

1歩目　2歩目　右足　左足

やってみよう1　守りのロブのあとの動き

　すぐにセンターへ戻り、ひざを曲げ、ラケットを低い位置にして構え、カットやスマッシュに備える。ヒット後、立ち止まってシャトルの行方を見すぎないこと。

こちらもチェック➡P26 ハの字

A 次に守るか攻めるか、球の質で異なります

3歩目　4歩目

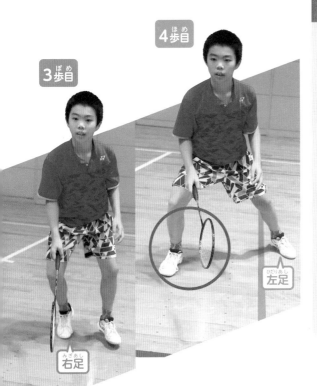
右足　左足

☝ ココが大事！

お尻から下がる

ロブを打ったあとは、上体を起こさず、お尻から後ろに下がるイメージで動きましょう。上体を起こしてしまうと、次もネット前にシャトルがきたら、対応が遅れます。

🚩 やってみよう2

攻めのロブのあとの動き

守りのロブより返球が速い可能性がある。次の準備を早くし、攻撃のチャンスがきたら、逃さないようにラケットを上げておく。

55

Q23 前後に速く動けるようになりたいです

A すべての球をコート奥へ返す練習をしましょう

クリアーとロブの打ち方を覚えたら、どんなシャトルもコート奥に返す「オールロング」の練習をしましょう。最初は半面で行い、練習相手にクリアーか、ネット前に落とすドロップを交互に打ってもらいましょう。慣れてきたら、ランダムに打ってもらいます。前後に動く力が身につきます。ほかのショットを覚えるときの基礎にもなる練習です。

やってみよう オールロング

コートの奥かネット前にシャトルがくるので、練習する人は「クリアー」か「ロブ」で、コート奥へ返し続ける。

クリアー　⟷　ロブ

⚠ 気をつけよう

カニさんを忘れない

　疲れてくると、後ろへ下がるとき、ネットと向き合って走るようなステップになりがちです。P34で学んだ「カニさん、カニさん、ぴょん」を忘れずに動いてください。

📢 ワンポイントアドバイス　構えを入れる

　前後にランダムに動かされているとき、コート中央で構えを入れないと、次の球に対応できません。クリアーとロブを交互に打つ場合、次に何がくるかわかっていますが、早く真ん中に戻って必ず構えを入れるようにしてください。

👆 ココが大事！　ネットに近づきすぎない

　ロブを打つとき、ネットに近づきすぎると、踏み込んだ足の力を使えず、いいロブを打てないだけでなく、コート中央に戻るのが遅くなります。

57

しゃもじを使ってお風呂でトレーニング

　強い球を打てるようになるためのトレーニング方法を紹介します。P44では、ロブのラケットワークを上達させるため、「8の字」をラケットで描く練習を紹介しました。この練習を応用したトレーニングです。

　まず、木のしゃもじを用意して、お風呂に持ち込んでください。そして湯船のなかで、ひじを支点にした回内・回外運動で「8の字」を何度も描きます。お湯の抵抗と、しゃもじが水分を吸った重みで、最初は動かすのが大変なはずです。でも、この負荷があるからこそ、強い手首をつくることができます。

　青梅ジュニアから巣立った武井優太・凛生選手や遠藤彩斗選手など、多くの日本代表選手がジュニア時代に取り組んだトレーニングなんですよ。この練習を毎日くり返していると、しゃもじを何本も折ってしまうので、こどもたちは「何本折った？」と話しているようです。

　ぜひみなさんも、このトレーニングをお風呂に入ったときの習慣にしてみてください。

第4章

いろんなショットを
使いこなそう

バドミントンは
ショットの種類が
多いんですよ

試合でいろいろ
使ってみたいな

Q24 右サイドへの動き方を教えてください

左手の親指は下向き

右足

右足を大きく出して踏み込む

戻りのフットワーク

両足の間隔を空ける

踏み込んだ右足で床をけって上体を起こし、両足の間隔が狭くならないようにステップし、センターに戻る。右足を左足に寄せたとき、足が完全にそろわないように注意する

60

A 左足で床をけって スタートします

行きのフットワーク

スタート

床をける

左足

右足

左足

シャトルに近づきながら、左手はシャトル方向へ伸ばす

左足で床をけった力を使い、右足を大きく出す。おへそを進行方向に向ける

シャトルが右サイドにくると判断したら、左足で床を強くける

　サイドにきた球は、相手からの距離が短いため、素早い対応が求められます。構えた姿勢からできるだけ早く左足で床をけり、動き始めましょう。すると初速が速くなり、スピードに乗って動けます。

Q25 左サイドへの動き方を教えてください

左サイドへ動くときも、反対側の右足で床を強くけって、初速が出るようにします。

ただし、ヒット後の動き方は松村流。ヒットと同時に両足でジャンプして、体を正面に向けます。こうすると、スムーズに戻りの動きに入れます。あとは、前のページのように足を引き寄せながら、センターへ戻ってください。

やってみよう ヒット後のフットワーク

＼ジャンプ／

右足を踏み込んでヒットしにいく

ヒットと同時に左足を右足に寄せ、両足でジャンプ。左手は、リレーのバトンを受けとるように、親指を下に向ける

ジャンプしながら、体を正面に向ける

行きのフットワーク

スタート

左サイドにシャトルがくると判断したら、右足で床を強くけり、ラケットを後ろに引き始める。おへそを進行方向に向け、右足→左足→右足の順でシャトルをとらえにいく

着地したらすぐに、右足に左足を寄せながら素早くセンターへ戻る

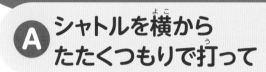

Q26 サイドで打つときのフォームを教えてください

A シャトルを横からたたくつもりで打って

フォア側

▶ やってみよう

タオル打ち

練習する人は足を1歩出し、補助者の持ったタオルを打ち、サイドアームストロークのフォームづくりをする。フォア側とバック側両方行う。正しい打点で打つといい音が出る。

ココが大事！

進みたい方向におへそを向ける

どちらのサイドに行く場合も、打ちにいくときはしっかりおへそを行きたい方向に向けましょう。速く動くコツのひとつです。

おへそ

コートサイドへ移動して打つ「サイドアームストローク」は、シャトルを当てるのではなく、ひじから先でシャトルの横をたたくつもりで打ちましょう。タオルを打つ練習でフォームづくりができます。

 メモ

サイドアームストローク
　腰の高さでシャトルを打つことを「サイドアームストローク」といいます。

バック側

おへそをサイド側に向け、ひじは体の前に出す。タオルを持った人からグリップエンドが見えるように

タオルを後ろからたたく。つま先はタオルの方向に向ける

フォア側でヒットしたあと、左手は右肩付近に置く。バック側でヒットしたあと、左手は後ろに伸ばす。このとき、親指は床に向けること

65

もっと速く動けるようになりたいです

やってみよう1　シャトル置き

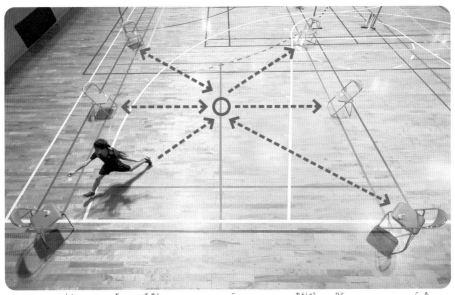

コート6カ所にいすを置き、座面にシャトルを1個ずつのせる。練習する人はシャトルを1個持ち、フットワークを使ってセンターから6カ所それぞれにあるシャトルと交換する

ワンポイントアドバイス　いすを使う

　シャトル置きは、床に置いてあるシャトルを交換するのが一般的です。しかし、体が大きくなった高学年は、頭を下げて床に手を伸ばさなければなりません。そこで実戦の動きに近づけるためにいすを使っています。

小さな子は、いすなしでもOK

Ⓐ コートの広さを体で覚えましょう

コートの広さを体で覚えれば、動く速さは上がります。コート6カ所に動く「シャトル置き」などでセンターからの距離感をつかみます。

やってみよう2　ラケットスリップ

両サイドに3個ずつシャトルを置く。練習する人は、左右交互に動く。補助者は、シャトルを持ち上げ、練習する人がラケットをシャトルの下に滑り込ませられるようにする。左右10回ずつ

🏃 レベルアップのコツ

競争形式だと盛り上がる

シャトル置きもラケットスリップもみんなで一斉にスタートしてやると、盛り上がりますし、集中力も上がります。何秒以内でやるかなど、制限時間を決めるのもよいでしょう。

メモ✏

イメージする

ラケットスリップは床上ぎりぎりのシャトルをとるイメージで練習しましょう。

奥から攻めて点をとりたいです

コートの後方から床に向かって一直線に打つ攻めのショットを「スマッシュ」、シャトルを切るように打ち、ネット際に落とすショットを「カット」といいます。どちらも攻めとして有効です。ハイクリアーを遠くへ飛ばせるようになったら、スマッシュやカットに挑戦しましょう。

やってみよう1 ランニングスマッシュ

4～5人で1組になり、1人ずつノックされた球に対しスマッシュを打ちにいき、次の人と交代するのを2～3分、くり返す。打ちながら前に出ること。

ハイクリアー
打点

スマッシュ
打点

☝ ココが大事！ 打点はハイクリアーより前

スマッシュの基本フォームはハイクリアーと同じ。ただし打点は、ハイクリアーよりもやや前です。ラケット面が床と垂直の状態でシャトルが当たると、シャトルは沈みません。

A スマッシュ&カットに挑戦しましょう

やってみよう2 スマッシュとカットの的当て

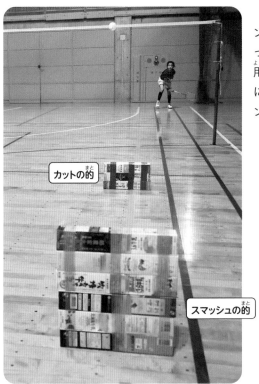

カットの的

スマッシュの的

練習する人は、コート半面のセンターに立ち、ノックが奥に上がってきたら下がって、スマッシュ用の目印とカット用の目印に交互にシャトルを打つ。打ったら、センターに戻る。

🏃 レベルアップのコツ

速い「カニさん」で下がる

後ろに下がるときは、「カニさん」を応用したステップも使ってください。「カニカニ」という歩幅をやや小さくした細かいリズムでシャトルに追いつけば、それだけ早くシャトルをとらえられます。

📓 知ってる？ ドロップもある

コート奥から床に向かって打つショットには「ドロップ」もあります。カットよりネット際にゆっくりと落ちるショットです。追い込まれたときのつなぎ球や相手のリズムをくずす球としてよく使います。

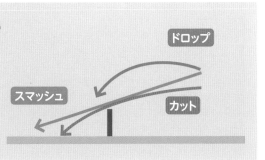

ドロップ

スマッシュ

カット

こちらもチェック→P34 カニさん

69

Q29 ネット前から攻めて点をとりたいです

やってみよう 手投げノックでプッシュ

ネット前にノックを出してもらい、ショートサービスラインからシャトルに跳びついて、プッシュを打つ。

A プッシュに挑戦しましょう

　ネット上に甘く上がってきた球を床に向かって一直線に打つショットを「プッシュ」といいます。スマッシュ同様、決定力があります。

　ただし、プッシュを打てるチャンスは時間にしてわずか。ラケットは振りかぶらず体の前に上げておき、コンパクトに打ちましょう。

ラケットは体の前に上げる

　プッシュは、ひじを体の前で高く上げてから打ちにいってください。青梅ジュニアでは、"ガオ〜"のポーズと呼んでいます。

前から

横から

気をつけよう

ラケットは振りかぶらない

　ラケットを振りかぶってしまうと、打つまでに時間がかかります。するとシャトルがネットの高さより低くなり、ネットミスの原因になります。

Q 30 攻めるチャンスを つくりたいです

ネット前からネット前へと、低く返すショットを「ヘアピン」といいます。ネット近くに落ちるいいヘアピンを打てると、対戦相手は高く上げて返すしかないので、攻撃するチャンスが生まれます。

ヘアピンの基本の動き

左手の親指は下向き

ラケットは遠くへ

ロブを打つときのように「お菓子ちょうだい」と手を出すイメージで腕を遠くへ伸ばす

なるべくネットの白帯からシャトルが高く浮かないように打つ。ラケット面の中央で打つこと

A ヘアピンを打ち、シャトルを上げさせます

🚩 やってみよう 右足だけでヘアピン

左足を固定

練習する人は左足を固定してもらい、右足だけを前に出して手投げされたシャトルをヘアピンで返す。手を遠くへ出す練習になる

⚠️ 気をつけよう

ネットに近づきすぎない

ヘアピンは、ネットに近づきすぎると、脇が締まってうまくコントロールできないので気をつけましょう。次の準備も遅くなります。

📣 ワンポイントアドバイス

ひざで打つ

ひざのクッションを使い、シャトルを運ぶイメージで打ってください。私は「ヘアピンは、ひざで打つんだよ」とジュニアに話しています。

Q 31 スマッシュレシーブを奥に返せません

スマッシュのような速い球がくると、奥に返せないという悩みを持つ人は、構えを見直してみましょう。

スマッシュをレシーブするときは、P26で学んだ「ハ」の字を少し変えて構えます。シャトルが飛んできたら、体の前でしっかりとらえてください。スマッシュは威力があるので、ラケットを体の後ろに大きく引かなくてもシャトルを奥へ飛ばせます。

基本の「ハ」の字の構え

▶ やってみよう　スマッシュレシーブ

スマッシュレシーブの構え

親指は体の内側

基本の「ハ」の字より、両足をやや広めに構える。ひざを曲げ、重心はやや前にする

体の前にできた空間分だけ、ラケットを引く

Ⓐ 体の前でラケットを振りましょう

！気をつけよう

ラケットは後ろに引かない

シャトルを奥へ飛ばそうと思うあまり、ラケットを体の後ろまで引いてしまうジュニアが多くいます。それではかえって奥へ飛びません。

体の前でヒット

シャトルがきたら、ラケットを前に押し出すようにレシーブする。ヒットの瞬間、グリップをギュッと握る

ラケットは前に押し出す

75

Q 32 レシーブをネットにひっかけてしまいます

A ラケット面の向きや軌道を工夫しましょう

ラケット面をネットと平行に

スマッシュレシーブは、できるだけラケット面をネットと平行になるように待ち構え、打つときもできるだけ平行を保つと、ネットミスが出にくくなる

 レベルアップのコツ

ラケットは下向き

スマッシュやプッシュを高く奥にレシーブするとき、シャフトは下に向けていること。ヒット時はラケット面を前に押し出します。

スマッシュやプッシュをネット前に返すときは、対戦相手のチャンス球にならないように、なるべくネットの白帯から浮かないように返してください。しかし、白帯ぎりぎりを狙うと、ネットミスが出やすいもの。その場合、ヒット時、ラケット面はネットに対して平行にし、軌道の頂点を自陣側にします。するとネットミスは確実に減ります。

🚩 やってみよう1　ノック練習

スマッシュを打ってもらい、レシーブする。軌道の頂点を対戦相手の側でなく、自陣側にするように打つこと。ネットミスが出にくくなり、攻撃もされにくくなる。

軌道の頂点

🚩 やってみよう2　コルク当て

ネットの白帯にシャトルを差し、スマッシュかプッシュを打ってもらい、シャトルのコルクに当たるように返す。最初は難しいが、意外とうまく当てられるようになる。

「ドライブ」は、ネットのすぐ上の高さで床と平行に打ち合うショットです。シャトルが一番早く返ってくるショットなので、打ち返す準備を早くしなければ、シャトルはすぐに自分の横をすり抜けてしまいます。

ドライブを長く続けて打てない人は、打ったあと、打ちっぱなしになっていないか、振り返ってみましょう。「1・2」「1・2」と声を出して、リズムよく打つことをおすすめします。

早く準備をする

イチ

ニ

ゼロポジションの位置にラケットを上げ、シャトルをとらえにいく

ひじを支点に体の前でシャトルをとらえ、ヒット時、右足に重心を移す。ラケットを振りきらず、元の位置に素早く戻す

 こちらもチェック→P28 ゼロポジション

Ⓐ 打ったあと、すぐに次の準備をしましょう

🚩 やってみよう　ドライブの打ち合い

　2人でリズムよく、2種類のドライブを30回打ち合う。最初はショートサービスラインに立って打ち合う。次にロングドライブを練習しよう。

ショートドライブ	ロングドライブ

ショートサービスラインに立つ

コート奥に立つ

📣 ワンポイントアドバイス　「ぎったん・ばっこん」を思い出そう

　2人で「ぎったん・ばっこん」して遊ぶイメージで打ち合うと、「打つ→戻る（準備する）」というドライブのリズムが身につきます。

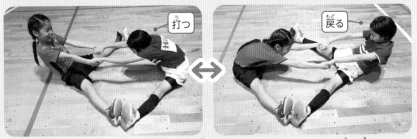

打つ　　戻る

「ぎったん」は打つ、「ばっこん」は戻る（準備する）のイメージでドライブを打ち合う

コラム④

牛乳パック利用のすすめ

　P69の「スマッシュとカットの的当て」練習の写真を見て、「この的はなんだろう？」と感じた人がいるかもしれません。じつは、これ、牛乳パックなどを重ねてつくったものなんです。青梅ジュニアの選手には、牛乳パックを2個、4個、6個とそれぞれをつなげた3種類の箱をつくってもらい、練習に持参してもらっています。

　利用方法はさまざま。四角い囲いをつくってコート奥の両端に置けば、クリアー・ロブを練習するときの目印になります。

　また、牛乳パックを1個ずつ、縦にずらっと並べれば、ラダートレーニングをすることもできます。しかも、トレーニング用の縄ばしごと違って、牛乳パックには高さがありますから、負荷が上がります。体格によって、使う牛乳パックの高さを変えれば、自在に負荷を変えられるのです。高さ調節が可能なミニハードルともいえるでしょう。自宅でも簡単にトレーニングができます。

　また、たとえ跳ぶのに失敗してしまっても、つぶれるだけなので、ケガの心配もあまりありません。工夫次第で利用の仕方はいろいろあると思うので、ぜひみなさんも取り入れてみてください。

牛乳パック2〜6個をガムテープでつなげる。縦にしたり、横にしたり、使い方はさまざま

トレーニングに使うことも。2個並べたり、縦にしたりすることで、負荷も変えられる

第5章
自信のある
サービスを打とう

サービスは
ラリーの流れを
つくります

自信を持って
サービスを
打ちたいな

Q34 最初に覚えたいサービスは なんですか?

A フォアハンドの ロングサービスです

　最近、シングルスでもダブルスでも、バックハンドのショートサービスでラリーを始める人が増えています。しかし、ジュニアは、フォアハンドで、しっかりコート奥へ高く飛ばすロングサービスを最初に覚えましょう。相手の返球の種類が読みやすいという利点があります。バックバウンダリーラインの真上から落ちる、高くて深い軌道が理想です。

▶ やってみよう フォアハンドのロングサービス

左腕はやや曲げる

「敬礼」の姿勢をつくる。シャトルを持っているほうの腕は力を抜く

軽く体の前方に投げるイメージでシャトルを落とす。同時にスイングを開始する

©Getty Images

ロングサービス
ライン

知ってる？

よいロングサービスは
攻められにくい

　高く、深いロングサービスは、対戦相手にすれば、ロングサービスラインの外に出て打ち返さなければなりません。攻めにくくなるので、こちらはラリーを有利に進めやすくなります。

ココが大事！

ヒット後、手の甲は耳の近くに

　シャトルをヒット後、右手の甲を左耳の近くまで振り上げると、いいロングサービスが飛びます。隣に立っている人に左耳の横で「バイバイ」と手を振るイメージです。

グリップエンドを
相手に向ける

体の前でヒット。左足全体と右足のつま先は動かさない。右足から左足へ体重移動することで、シャトルに力が加わる

左肩にラケットをかつぎ上げるように振り上げる。右ひざは左ひざ裏に近づける

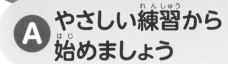

Q35 ロングサービスのとき
シャトルが当たりません

A やさしい練習から
始めましょう

初心者はラケットにシャトルが当たらなくて当たり前。でも、コツをつかめば、打てるようになります。やさしい練習から始めましょう。

🚩 やってみよう **打点を覚える**

補助の人が体のやや前に落としたシャトルをロングサービスするつもりで打つ

☝ ココが大事！ シャフトは真下に向けない

シャトルに確実に当てようとして、シャフトを真下に向けてしまうのはバツです。真下だとシャトルが真上に上がってしまいます。打点は体のやや前を意識しましょう。

脇が窮屈になり、ラケットを大きく振れない

右足

📢 ワンポイントアドバイス

どんどん空振りしよう

最初のうちは、空振りは当たり前。始めたばかりの人で、100回中、100回サービスできる人なんていません。おそれずにラケットを振っていきましょう。シャトルが当たったら、教える人は、ほめてあげてください。

！ 気をつけよう

右足を前に出さない

フォア側でロブを打つとき、右足を前に出しますが、フォアのロングサービス時は、左足が前になります。ジュニアは混乱しやすいので気をつけましょう。

ロングサービスの狙いどころはどこですか?

A センターライン付近に打ちましょう

　ロングサービスは、センターライン近くを狙うのが基本です。打ったあとは、コート中央でハの字の体勢で構えて次の返球を待ちます。

　もし、サイドライン側を狙ったときは、中央より1歩打った側に寄って準備してください。ただし、寄りすぎると、クロスに返球されたとき、シャトルまでの距離が長くなるので注意しましょう。

センターライン付近にサービス

コート中央付近で構える。フォア・バック側を均等に張る

コート中央付近で構える

サイドライン側にサービス

中央より1歩サイドライン側に寄って構える。ストレートへの返球を張りつつ、クロスカットも警戒しておく

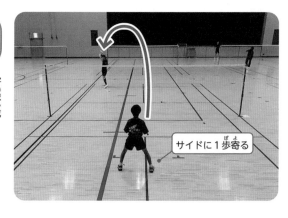

サイドに1歩寄る

ココが大事！ サイドライン側は返球が早い

飛距離の比較

センターライン近くの
Ⓐと、サイドライン近く
のⒷからの返球を比べて
みましょう。コート奥と
ネット前、どちらに打た
れた場合もⒷからよりⒶ
からの飛距離のほうが長
く、対応しやすいことが
わかります。つまりⒷか
らのほうが返球が早くな
ります。

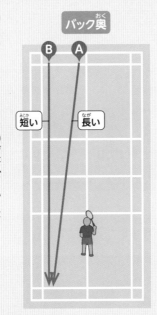

バック奥

短い 長い

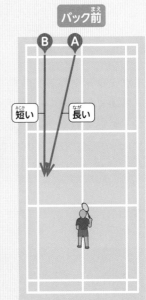

バック前

短い 長い

守りやすさの比較

Ⓑからの返球は、スト
レートだけでなく、フォ
ア前も意識しなければな
らず、警戒する範囲が広
くなります。しかし、Ⓐ
からの返球は、フォア・
バックどちらに打たれて
も等しい距離で対応でき
るので守りやすいです。

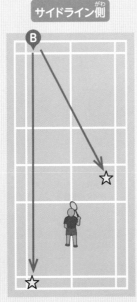

サイドライン側

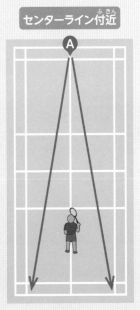

センターライン付近

Q37 ショートサービスの打ち方を教えてください

女子シングルスをのぞく種目で、一番よく使われているのがバックハンドのショートサービスです。フォアハンドよりシャトルに当てやすく、コントロールしやすいという利点が

あります。ただし、ネットから浮かないように打たないと、攻められやすいので注意しましょう。同じフォームでスイングスピードを変えればロングサービスも打てます。

やってみよう バックハンドで打つ

打点は体の前

右ひじは肩の高さにそろえ、右足を前にして構える。シャトルを持つ手の位置をセットする

後ろに引いたラケットを前に押し出す。右ひじを支点に、ラケットをコンパクトに振る。ラケットを前に出し始めた瞬間がサービスの始まりになる

手の位置は変えずにシャトルを放す。シャトルがラケット面に当たる位置は、常に一定にする。ヒット時、グリップをギュッと握る

A 試合で一番使われている バックハンドサービスを覚えます

ココが大事！

軌道の頂点は自陣に

サービスを攻められないためのコツは、軌道の頂点を自分のコート側にすることです。落ちてくるシャトルに対し、対戦相手は上から強くたたくことはできません。

相手コートにシャトルが入ったら、落ちていく軌道が理想

右肩の位置は変えず、
右ひじを伸ばす

! 気をつけよう

右ひじを下げない

構えてからヒットまで右ひじは右肩の高さを維持しましょう。右ひじが下がれば打点が下がり、またラケットを動かしている途中で高さが変われば、ミスにつながります。

ショートサービスをすぐ攻撃されてしまいます

サービスでミスをしたり、ネットからシャトルが浮き、相手にすぐ決められたりしたら、簡単に1点を失ってしまいます。1点を大切にするために質の高いショートサービスを打てる練習をしましょう。

やってみよう1　白帯の上にひもを張る

ネットの両脇に割りばしを立て、シャトル1個が通る高さにひもを張る。白帯とひもの間を通すようにサービスを打つ。

支柱に割りばしをくくる

シャトルを前に押し出す

レベルアップのコツ

シャトルケースを立てる

ショートサービスラインの3カ所にシャトルケースを立て、筒のなかにサービスを入れるようにすると、練習の難易度がアップします。

Ⓐ コントロール力を上げる練習をしましょう

やってみよう2 3球目までの練習をする

ダブルスでサービスをA〜Cの3カ所に打ち分け、3球目まで打ち合う。サービス後、次に打つ準備の意識が高まり、サービス全体の質も上がる。慣れてきたら5球目までの練習を行う。

ショートサービス
ライン

Ⓐに打ったら、次も自分がとりにいく意識を持つ

Ⓑに打ったら、バック奥やハーフ付近が狙われやすいので注意する

Ⓒショートサービスの基本コース。相手のラケット面をよく見て、コースを予測する

ココが大事！ ラケットを上げる

サービスを打ったら、すぐにラケットを上げて次に備えましょう。より早くシャトルにタッチできます。意識しなくても自然とできるようになってください。

Q39 サービスに関するルールを教えてください

対戦相手と公平に戦うためにルールはあります。なかでもサービスに関する決まりは多いです。もし、審判員からフォルトの判定を下された

ら、対戦相手の得点になってしまうので、ルールをしっかり学びましょう。競技規則のなかから、とくに覚えておきたいルールを紹介します。

やってみよう 競技規則を開く

115センチ

1 シャトルを打つ高さは 115センチ以下

サービス時、ラケットでシャトルを打つ瞬間、シャトル全体の位置がコート面から115センチ以下でなければならない

2 サービスラインはまたがない

サービスは決まったサービスコート内から打たなければならない。サービスラインをまたいだり、踏んだりしてはいけない

ラインクロスと呼ばれるフォルトになる

3 コルク部分を打つ

サービスするときは、シャトルの
コルクに当てて打つ。羽根など、
コルク以外の部分で打ってはなら
ない

4 足全体の位置を変えない

サービスを打つとき、両足のどこかは同
じ位置を保っていなければならない。足
全体を浮かせたり、引きずって動かした
りしてはいけない

5 空振り

サービスしようとしたとき、空振り
したらフォルト

フットフォルトと呼ばれるフォルトになる

93

Q 40 サービスをどう返せば いいのかわかりません

A 3つの返球方法を 使い分けましょう

バドミントンのサービスはテニスのようにオーバーヘッドで打たないため、レシーブ側に有利です。ショートサービスがきた場合、「プッシュで攻める」「ネット前に落とす」「コート奥に上げる」と、3つの返球方法を使い分けてください。ロングサービスがきたら、攻めるのが理想ですが、反応が遅れた場合、クリアーなどでつなぎます。

構え方

プッシュの構えと同様、"ガオ～"のポーズでサービスを待ち構える。

❶ 両足は前後に開く
❷ ラケットと左手は体の前
❸ ラケットは顔の近くまで上げる
❹ ショートサービスがきても、ロングサービスがきても対応できる位置に立つ
❺ ラケットを立てたまま、打ちにいく

やってみよう ショートサービスのレシーブ

1 プッシュで攻める

シャトルがネットから浮いてきたら、「プッシュ」で得点を狙う

打点が下がるとネットミスしやすいので注意

2 ネット前に落とす

プッシュと同じフォームでシャトルをとらえ、プッシュを打つと見せかけ、ネット際にシャトルを落とす

3 コート奥に上げる

相手のサービスがよかったときは、無理に攻めず、アンダーハンドストロークでコート奥へ返す

⚠ 気をつけよう

ラケットを下げない

　意識していないと、ラケットは下がりがちです。これでは、シャトルが浮いてきても、攻めにつなげられません。

95

全日本シニア出場にこだわる理由

　青梅ジュニアは、日本一を目指すクラブですが、私自身もプレーヤーとして日本一を目指しています。しかし、全日本シニア選手権大会では、2位や3位はあっても、まだ優勝に手が届いたことはありません。

　自分自身が選手であることにこだわるのは、こどもたちに「メダルをとったよ」といいたいから。全日本シニアは、11月に開催されるので、私がメダルを見せられれば、12月の全国小学生大会でこどもたちもメダルを目指してがんばってくれるかなって。

　また、青梅ジュニアは、全国出場の常連チームだと思われていますが、選手は代替わりするので、新しく入ってきた子たちに、「自分たちも全国大会に行くんだ」という気持ちを持たせることが難しい。そのために、私が全国を目指して、練習やトレーニングする姿を見せれば、全国へ行くために何をしたらいいか、少しは感じてくれるのかなと思っています。

　全国大会は、本気で努力しないと出られない特別な世界。でも努力の結果は必ずついてくる、努力は決して裏切らないことをしっかりと伝えたいです。

第6章
ダブルスを
やってみよう

ダブルスは
展開が速くて
楽しいよ

スピード感を
楽しみたいです

Q41 基本のフォーメーションを教えてください

2人でプレーするダブルスは、いかにコートに広い空きスペースをつくらないかが勝敗の分かれ目になります。スキのないプレーをするために大事なのが、2人の並び方、「フ

ォーメーション（陣形）」です。攻めるときのフォーメーションは「トップ＆バック」、守るときのフォーメーションは「サイド・バイ・サイド」といいます。

2つのフォーメーション

実際の試合において、担当範囲が前後または左右で完全に2分の1ずつになるわけではない。考え方として覚えておこう。

サイド・バイ・サイド ＝「守り」

担当範囲をおもに左右に分ける守備重視のフォーメーション。サイドへの攻めに対応がしやすいので、守る場面に適した陣形

トップ＆バック ＝「攻め」

担当範囲をおもに前後に分ける攻撃重視のフォーメーション。後ろにいる後衛がスマッシュやドロップ、ネット前にいる前衛がプッシュなど、シャトルを沈める場面に適した陣形

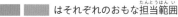
■■ ■■ はそれぞれのおもな担当範囲

前衛

後衛

©Getty Images

A 「攻撃」と「守備」の陣形があります

やってみよう 「サイド・バイ・サイド」で二等辺三角形をつくる

　サイド・バイ・サイドの陣形になるとき、相手の攻撃の打点を頂点にして、２人が二等辺三角形の底辺をつくるようにポジションどりする。

　そのため、相手がサイドライン近くから打ったとき、センターライン近くにいるAが、ストレート側にいるBよりネット寄りに位置することになる。

©Getty Images

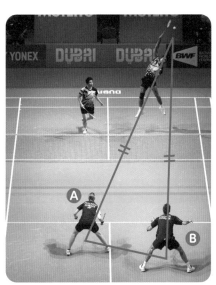

©Getty Images

ココが大事！

おへそをシャトルに向ける

　サイド・バイ・サイドになった２人は、シャトルの方向におへそを向けて、守備体勢を整えます。

©Getty Images

99

Q42 どちらの陣形がいいか わからなくなります

A 「ドロップ交互」で ローテーションを覚えよう

「トップ&バック」になったり、「サイド・バイ・サイド」になったり、ラリーの状況に応じてフォーメーションを変えていくことを「ローテーション」といいます。的確に動けば、チャンスが生まれますが、場面に合わないフォーメーションをとってしまうと、たちまちピンチに。正確に位置どりするためのパターン練習「ドロップ交互」に取り組みましょう。

やってみよう ドロップ交互

1

サイド・バイ・サイド

トップ&バック

ドロップ❶

「トップ&バック」のペアが、ショートサービスを出したら、「サイド・バイ・サイド」のペアはロブで返球。「トップ&バック」のペアはドロップ❶を打つ

2

サイド・バイ・サイド

ヘアピン❷

トップ&バック

「サイド・バイ・サイド」のペアは、ヘアピン❷を返す。ヘアピンを打った人は前に行く。パートナーは少し後ろに下がり、「トップ&バック」になる準備をする

100

ローテーション学習法

次の方法でもローテーションを学べます。

● ドロップをスマッシュに変える
● 「クリアー→ドロップ（スマッシュ）→ ロブ→クリアー」の順で打ち合う

スマッシュ

ドロップ交互は、ドロップをスマッシュに変えると、展開が速くなり難易度アップ

✋ **ココが大事！** シャトルを上げたら守りの陣形に

「ロブ」を打ったほうは、次に攻撃されることを予測し「サイド・バイ・サイド」に。ロブを打たれたほうは、攻撃のチャンスと見て、「トップ＆バック」になる。

【ローテーションのセオリー】
● ロブやクリアーなど、高く上げる球を打ったら「サイド・バイ・サイド」になる
● ロブやクリアーが上がってきたら「トップ＆バック」になる

3

トップ＆バックに

サイド・バイ・サイドに

ロブ ❸

赤丸のペアはロブ❸を上げる。ロブを上げた人は、同じ箱のなかで後ろに下がる。青丸のペアは、ヘアピンを打っていない人が相手のロブをとりにいく

4

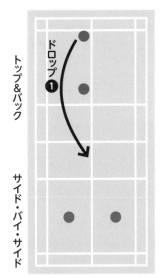

トップ＆バック

サイド・バイ・サイド

ドロップ ❶

陣形を交代したら、ドロップ❶に戻ってくり返す

Q 43 得点しやすいコースを教えてください

A 二等辺三角形の頂点を狙いましょう

トップ＆バックから攻撃しても、相手がしっかりサイド・バイ・サイドになっているとなかなか決まりません。そんなとき、狙ってほしいのが、相手2人を結ぶ線を底辺にした

ときの二等辺三角形の頂点です。どちらがとりにいくのか、迷いが生じるため、相手の陣形がくずれやすいです。2つの頂点を結んだ黄色のライン上も決まりやすいコースです。

🚩 やってみよう センターを狙う

©Getty Images

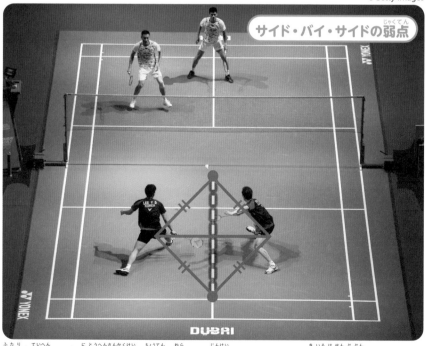

サイド・バイ・サイドの弱点

2人を底辺にした二等辺三角形の頂点を狙うと、陣形がくずれやすい（黄色破線部分）。

©Getty Images

トップ&バックの弱点

サイド・バイ・サイド側は、トップ&バック側になっている2人を結ぶ線を底辺にしたサイドライン際の二等辺三角形の頂点を狙うと、陣形がくずれやすい。

☝ **ココが大事！**

ハーフは後衛が対応

トップ&バック側は、コート中盤（ハーフ）付近の両サイドにシャトルがきた場合、後衛がとると決めておくと弱点になりにくいです。

🏃 **レベルアップのコツ**

正面にいる人の内側も狙い目

トップ&バックから攻めるとき、同じ箱にいる正面の人のセンター寄りも狙ってみましょう。返球のコースが限定されるので、次の予測が立てやすいです。

ただし、クロス側の人がとってしまうと、攻撃的なレシーブが返ってくるので注意してください。

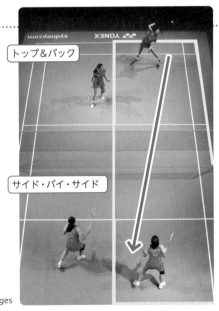

トップ&バック

サイド・バイ・サイド

©Getty Images

Q44 すぐ空きスペースが できてしまいます

A 2人の間にラケット2本分 距離を空ける

　2人の間にすぐ空きスペースができてしまう場合、打っていない人の立ち位置を見直しましょう。シャトルを打っていない人が、同じ位置に立ちっぱなしで、空きスペースをつくってしまうことが多くあります。

　そこで打っていない人は、打っている人との間にラケット約2本分の距離を保つことを意識しながら動いてください。

打っていない人の準備

ペアの間にラケット2本分の距離が空くよう、シャトルを打っていない人が立ち位置を調整する。

トップ&バックの場合

サイド・バイ・サイドの場合

メモ

打っていない人が カギを握る

　強いダブルスとは、打っていない人がいい動きができるペアのこと。打っていない人が、打っている人のいる場所以外を、自分でカバーする意識を持ちましょう。

Q 45 前衛にいるとき、次のポジションがわかりません

A 後衛はシャトルを上げたら声で伝えよう

第6章 ダブルスをやってみよう

上げたよ！

©Getty Images

後衛がクリアーを上げたら、サイド・バイ・サイドにならなければなりません。しかし、後衛の姿が見えない前衛は、ネット前に立ちっぱなしというケースがよくあります。すると、すぐ相手に攻められてしまいます。こんな負けパターンを防ぐために大切なのは「声かけ」。後衛は「上げたよ」と前衛に知らせ、スムーズにサイド・バイ・サイドをつくりましょう。

弱点になりやすいエリア

スキをつくらない

シャトルを上げたあと、トップ＆バックのままだと、サイドにスキができやすいので素早くサイド・バイ・サイドになりましょう。

105

Q 46 チャンスがきても逃してしまいます

A ローテーションして連続攻撃をしよう

トップ＆バック時、後衛が攻めたあと、チャンス球が上がってきたら、そのまま前に出て連続攻撃するのが、基本的な攻めパターンです。しかし、前衛が同じ場所にい続けたら、トップ＆バックを維持できません。前衛は後衛の動きに合わせて後ろに下がりましょう。

やってみよう 攻め続けるための陣形づくり

ノッカーは、トップ＆バックになっている後衛がスマッシュ、ドライブ、プッシュを3連続で打てるように球出しする（オールアタック練習）。後衛が前に出るのに合わせて前衛は後ろに下がる。下がりきったら、後衛として同様に動く。

スマッシュ

ドライブ

下がる

トップ＆バックになり、後衛はスマッシュを打つ。打ったらハーフ付近まで前に出る

後衛はドライブを打つ。打ったらさらに前へ出る。同時に前衛は後ろに下がる

ココが大事！

反時計まわりがよい

　右利きペアは、反時計まわりで動くと、常にフォアハンドで打てるので強打しやすい。

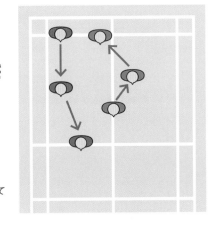

前衛は、後衛の動きに合わせて
素早く後ろに下がる

メモ　ラケット2本分空ける

　この練習でも、2人の間は常にラケット2本分くらいのスペースを空けることを意識しましょう。

プッシュ

＼入れ替わり完了／

後衛はプッシュを打つ。前衛はさらに
後ろに下がる

後衛と前衛の入れ替わりが完了したら、後ろに下がった元前衛が1～3を行う。この動作をくり返す

消しゴムをコマにして陣形を学ぼう

　日本チャンピオンがいたため、青梅ジュニアは「ダブルスが強いチーム」という印象を持たれています。「どう教えてるの？」と聞かれたりもします。もちろん、こうすれば強くなるという明確な答えは持っていませんが、ダブルスの指導では、シャトルを打っていない選手がどう動くかを大切にしています。ダブルスが得意な選手は、シャトルを打っているパートナーと、対戦相手2人の立ち位置を見て、相手に攻め込まれない正しいポジションどりができています。パートナーとの距離を一定に保てているため、自陣コートに空きスペースがなくなるのです。

　では、どうやって正しい位置に立てるようになるかですが、私は106ページで紹介した「オールアタック」や、「オールロング」「ドロップ交互」の練習が大切だと考えています。

　また、こどもたちには、自宅で消しゴム4つを用意してもらい、紙に描いたコートの上で、消しゴムを選手に見立てて動かしてごらん、と話しています。どこに何を打ち、またどこに打たれたらどう動くか、考える力が養えます。親子や兄弟姉妹で一緒に確認できるとよいですね。

第7章

よくあるお悩みを解決!

プレーだけではない
いろんな疑問に
お答えします!

強くなるためなら
なんでも知りたいです!

Q 47 すぐアウトミスを してしまいます

バックアウトが多いと感じたら、クリアーやロブは、高く飛ばすことを意識しましょう。試合前は、空調による風の強さや方向、羽根の飛び具合を必ずチェックしてください。

サイドアウトが多いときは、打ちたい場所を見すぎていることがおもな原因です。練習のとき、ネットのどこにシャトルを通せば、どこに到達するか感覚を身につけましょう。実戦ではネットのどこを通過させるかを意識して打ちます。

やってみよう1　バックアウト対策

©Getty Images

ハイクリアーやロブなどでコート奥へのシャトルがバックアウトしやすいときは、しっかり高さを出すことで、ミスを防ぐ。

メモ
攻めに切り替える

追い風が原因でバックアウトしやすいときは、攻めやすいチャンスだと考え、スマッシュを多く使うのもひとつの作戦になります。シャトルの後ろに早く入って、落ち着いて打つことも忘れずに。

A バックかサイドアウトか 種類別に対策しよう

やってみよう2　サイドアウト対策

打ちたい到達点Bではなく、ネットの通過点Aを狙うとミスを防げる。練習時、ネット上のどこに、どれくらいの力で打てば、どこに到達するか、覚えておくこと。

©Getty Images

ココが大事！

オンラインは狙わない

サイドラインに打てたほうがチャンスは生まれやすいですが、到達点はサイドラインの内側10センチくらいを狙うとミスは減ります。

©Getty Images

111

Q 48 スマッシュがネットにひっかかりつまらない！

A ネットを下げて練習してみましょう

　豪快にスマッシュを打ちたいジュニアはたくさんいます。でも小学校に上がる前の子たちは、身長がネットより低いため、スマッシュがネットにひっかかりがちです。ならばいっそ、ネットをたるませて練習をしましょう。正しいフォームが身につきますし、スマッシュもよく決まるのでバドミントンの楽しさを感じ、上達もグッと早くなります。

▶ やってみよう　ネットをたるませる

たるませる

　ネットをたるませ、スマッシュ練習をする。目印を置くといっそう盛り上がる。ヒット後、手首を立てると、床にラケットがぶつからない。

メモ
楽しさを大切にする
　小さい子はスマッシュがネットにひっかかっても仕方ないと思っていましたが、やはりネットを越えたほうが楽しいので、ネットを下げてみました。

Q49 サービスを打つとき とても緊張してしまいます

A 自分のリズムで 打ちましょう

　緊張するということは、いいサインなんですよ。なぜなら「勝ちたい」「負けたくない」という気持ちがある証拠。だから、まず緊張をマイナスと考えないでください。

　そこを理解したうえで、サービスは、自分のリズムで打つことを心がけてください。サービスの順番がきたら、すぐに構えに入らず、深呼吸したり、パートナーに声かけしてもらったりしてから、サービスに入るといいですよ。

🚩 やってみよう ルーティンを持つ

　ルーティンとは、決まった動作のこと。サービスを打つ前に、深呼吸をする、ガットを見つめるといった自分なりの決め事をすると、いつも通りのプレーがしやすくなる。自分のルーティンを見つけよう。

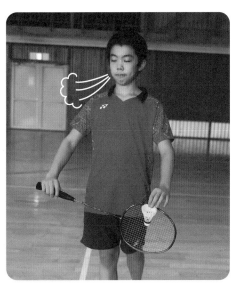

保護者にバドミントン経験がない場合、実際にこどもと打ち合うことはハードルが高いかもしれません。

そこで、提案したいのがノック練習です。まず手投げノックのコツを覚えましょう。

手投げノックのコツ（オーバーヘッド）

試合でシャトルはさまざまな方向からやってくるので、フォア側、正面、バック側と、3方向からシャトルが飛んでくる場面をつくる。

フォア側　　　正面　　　バック側

レベルアップのコツ

すぐに投げない

シャトルは矢継ぎ早に投げず、一呼吸置いて、練習するこどもにシャトルをしっかり見させてから、シャトルを投げましょう。

スマッシュ・プッシュをイメージしてオーバーヘッドで球出しし、レシーブさせる

A もちろんあります！ 手投げノックをしましょう

やってみよう 親子ノック

保護者は、手投げノックを前後に出し、こどもはロブとクリアーを交互に打つ。こどもの正面に立つだけでなく、フォア側、バック側と位置を変えてシャトルを出す。

メモ✏️

サイドもおすすめ

サイドへの手投げノックも、バドミントン経験者でない保護者でも取り組みやすいです。打ったあと、センターに戻ったのを確認してから、逆サイドにシャトルを出しましょう。

打ち始める前にシャトルのコルクをよく見させる

ネット前にシャトルを出し、ロブを打たせる

ロブを打ったのを見届けてから、ゆっくり遠くへシャトルを投げ、クリアーを打たせる

1人でできる練習や トレーニングを教えて

　練習は体育館でないとできない、相手がいないとできないと思っていませんか。でも、そんなことはありません。自宅や車のなかでできることは無限にあります。いろいろ工夫をして練習しましょう。

やってみよう1　家でネットと同じ高さにひもを張る

　リビングなどにネットと同じ高さでひもを張り、ヘアピン練習やショートサービス練習を行う。

A 工夫次第でなんでも練習になります

やってみよう2 トレーニング

ステップ練習

コートのラインを使用。両足をそろえた状態から、「左足を出す、戻す、右足を出す」というステップをできるだけ細かく速くくり返す

握力強化

少し高い位置から落としたやわらかいボールを、床に落ちる前にキャッチする。ヒット時、グリップを握り込む力を鍛える

回内・回外の強化

練習の帰り道、車のヘッドレストにトレーニング用のチューブをつけ、オーバーヘッドストロークの素振りのイメージで引っ張る（回内）。親指が下を向くまでひねる。逆側にチューブをつけ、バックハンドのイメージで引っ張ると回外の強化になる

ワンポイントアドバイス 動画を見る

家でトップ選手の動画をたくさん見ることも練習になります。いいプレーを何度も見て、自分と何が違うか、比べてみましょう。ダブルスの試合は、サービス後の3、5、7球目で選手が、どこへ返すか見ておくと、勉強になります。

117

Q52 ミスをしたプレーに こだわってしまいます

A 一時自信のあるショットに 切り替えよう

練習でも試合でも「今日はヘアピンが入らない」「カットをネットにしてしまう」など、調子の悪い日があります。そんなときは、ミスなくできるようになるまで、こだわりがちですが、いったん自信があるショットに切り替えましょう。すると意外とミスが続いたショットがうまく入るようになるものですよ。

また、相手のショットがよくて決められたときは仕方がないので、すぐ次に気持ちを切り替えましょう。

作戦変更

ココが大事！ 適当に打ったときのミスはダメ

自分が適当に打ったときのミスはよくありません。1球1球、どんな意味があるか考えて打ってこそ、ミスした場合、原因を考えることができ、上達につながります。

Q53 ミスしたパートナーにどんな態度をとればいいですか？

A 前向きになる言葉をかけよう

　パートナーのミスを責めて、落ちこんでしまうペアが少なくありません。「ミスをしないで！」と声をかけることもパートナーが委縮する原因になるでしょう。

　そこでおすすめしたいのは、ペア同士で、あらかじめ「次、がんばろう！」「大丈夫だよ！」「どんまい」など、前向きになる言葉を決めておくことです。互いに手をタッチして、雰囲気が悪くならないようにするのもいいですね。普段からいいプレーに対して「ナイスショット！」など、声をかけるようにもしましょう。

ワンポイントアドバイス

言葉には力がある

　言葉ひとつでパートナーを元気にすることも、パートナーの元気をなくすこともできます。シングルス選手も、ミスしても下を向かないで、前向きになる言葉や気合の言葉を試合中に口に出すと、自分を元気にすることができますよ。

コラム❼

保護者の協力に感謝！

　青梅ジュニアの特徴は、なんといっても保護者の方たちが練習に参加してくれること。ジュニアクラブによっては、保護者は送迎のみにしてください、というチームもありますが、青梅ジュニアは、「こんなこともできるようになったんだよ！」というこどもたちの姿を見て、成長を感じてほしいので、保護者コーチとして積極的に練習に参加してもらっています。

　お手伝いいただくことは、ノック出しはもちろん、基本練習・試合の相手までさまざま。シャトル集めも積極的にしていただいているおかげで、こどもたちは、短い練習時間でも、１つでも多くのシャトルを打つことができます。

　しかも、保護者の方はバドミントン経験者ばかりではないんです。日本一をとったことのある選手のお父さんのなかには、こどもの入部とともに自分もバドミントンを始め、いまでは青梅ジュニアのコーチを務めてくださっている方もいます。

　青梅ジュニアは、保護者の協力なしでは成り立たず、みなさんに感謝している毎日です。

球拾いや、ノック、シャトル渡しなど、保護者がたくさんの協力をしてくれるので、よく「大人の手がたくさんあっていいね」とうらやましがられます

第**8**章
試合に 出てみよう

試合に出るときに
役立つことを
紹介しますよ

どきどきするけど
試合に出るのは
楽しみ

Q 54 試合の日は何時に起きたらいいですか?

A 集合時間の3時間前には起きてください

朝、起きたては、頭も体も半分寝ているようなもの。頭や体を目覚めさせ、試合でしっかりと動くようにするために、集合時間の3時間前には起きていたいですね。

試合のある体育館の開場が朝の9時だとしたら、6時には起きましょう。目が覚めたら、朝ごはんを食べ、集合時間に間に合うように会場へ向かってください。

ワンポイントアドバイス 朝散歩に出よう

朝、起きたあと、長い時間でなくていいので、散歩に出ると、頭も体も早くシャキッとしますよ。緊張が適度にほぐれ、胃腸も動き始めるので、朝ごはんをおいしく食べられるはずです。

Q55 試合の日の食事は何がおすすめですか?

A ごはんやパンなど炭水化物をとりましょう

　試合では、たくさんのエネルギーを使います。頭や体を動かす元になるのは、ごはんやパン、パスタなどに多く含まれている栄養素・炭水化物です。消化がよく、すぐエネルギーになるので、試合当日は、朝からしっかりとってください。

　また炭水化物が足りなくなってくると、集中力が欠けたり、足がつったりする原因になります。大会中はゆっくりお昼ごはんを食べる時間が少ないので、すぐ食べられるバナナやゼリー飲料も用意しておくとよいですよ。

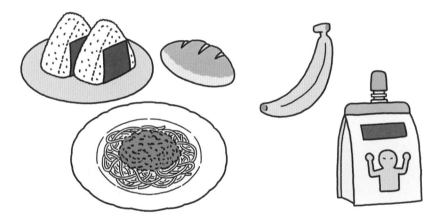

📣 ワンポイントアドバイス 小さいおにぎりがおすすめ

　試合の日は、一口大の小さなおにぎりを20個くらいつくって、いつでも口にできるようにしておくと便利です。お昼ごはんになりますし、ちょっとだけ食べたいときの補食にもなります。中に刻んだ梅干しを入れれば、塩分補給や疲労回復にもつながります。

試合の日の持ち物を教えてください

A ゼッケンを忘れないで

試合に出るとき、人に借りて済ませられないものは、絶対に忘れてはいけません。とくにウェアにつけるゼッケンは忘れないでください。またウェア上下や靴下は、試合の数に合わせて持っていくのがいいでしょう。汗をかいたあとは体が冷えるので、試合の数と同じ枚数のウェアを持っていき、試合ごとに着替えるのが望ましいです。大会の前日に準備を整え、当日は家を出るだけにしておきます。

持ち物チェック〜自分で用意するもの〜

☐ ウェア(上・下)／試合の数と同じ枚数

☐ ゼッケン (ゼッケンをとめる安全ピン)

☐ 靴下／試合の数と同じ枚数

☐ ラケット (2〜3本)

☐ シューズ

☐ タオル

☐ 着替え (下着も)

☐ 飲みもの

☐ 昼食

☐ 補食 (バナナ、ゼリー飲料など)

メモ 出かける前に水筒をチェック

水分補給は熱中症予防のためにも、いい試合をするためにも必ず必要です。家を出る前、水筒に水分が入っているか、確かめましょう。氷の入れすぎにも注意です。

Q57 ウォーミングアップはどれくらいしたらいい?

A ダッシュで汗ばむくらい体を動かしましょう

　試合が始まってすぐ体が動くように必ずウォーミングアップをしましょう。準備運動で必ず取り入れてほしいのがダッシュです。何本か走ったあと、手首に指をあてて、脈拍を測ってください。1分間に140〜150くらいだったらオーケー。適度に汗ばんでいるはずです。全身の筋肉が温まっているので、試合開始直後から体がよく動くはずですよ。

ワンポイントアドバイス　体はどこでも動かせる!

　体育館のまわりにダッシュする場所がなかったり、雨が降っていたりしたら、その場でステップをしましょう。体が温まり、よく動くようになります。

Q 58 試合の合間の過ごし方を教えてください

A 着替えと栄養補給をしよう

　試合に勝ったら、すぐ次の試合の準備をしましょう。まずやってほしいのは、着替え。体が冷えないようにウェアは上下とも着替えます。それから次の試合でも体が動くように炭水化物中心の補食をとること。もし、痛いところがあったら、アイシングで冷やしてください。

　時間があったとしても、試合のことを忘れて、完全にリラックスすることはやめてください。体だけでなく、心まで休めてしまうと、戦う姿勢をつくるのが難しくなってしまいます。

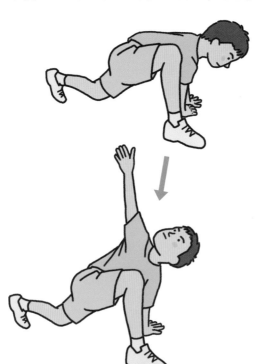

ココが大事！

動的ストレッチを行う

　次も試合がある場合、イラストのような動きながら行う「動的ストレッチ」をしましょう。筋肉や関節をじっくりと伸ばす「静的ストレッチ」は、体がゆるみ、試合中、力が入りにくくなるので、おすすめしません。

　こちらもチェック→P123 栄養、P130 アイシング、P132 静的ストレッチ

Q59 インターバル中は何をしたらいいですか？

A まず水分補給をしてください

試合では、インターバルと呼ばれる60秒、もしくは120秒を超えない合間があります。インターバルに入ったら、まず水分補給をして、汗をふきましょう。

コーチのアドバイスも受けられるので、しっかり聞いて、インターバル後に生かしてください。

また、インターバル中は、主審の許可なしでコートを離れ、着替えたり、トイレに行ったりすることもできます。ただし、インターバル中に戻らないと、棄権扱いになることもあるので注意しましょう。遅れそうなときは、あらかじめ主審に許可をもらってからコートを離れます。

ワンポイントアドバイス　床には座らない

いくら疲れても、インターバル中は座りこまないでください。床に接する部分に疲労物質の乳酸がたまりやすくなるという研究結果もあります。

こちらもチェック → P15 インターバル

Q 60 試合中のマナーを教えてください

A ミスしたときは自分がシャトルを拾いにいく

バドミントンは、対戦相手がいるからこそ、自分も楽しめるスポーツです。自分勝手にならず、お互いに気持ちよく試合をしましょう。

まず守ってほしいのは、主審の指示に従うこと。主審に早くコートに入るよう、促されたときなどは素直に従ってください。また得点後はうれしいものですが、対戦相手に向かってガッツポーズしたりする行動は、不品行なふるまいとしてフォルトをとられることもあります。競技規則には書かれていませんが、覚えてほしいマナーも紹介します。

ルール以外のマナー

○ シャトルは相手がいるところに返す

○ 自分たちがミスしたときは、シャトルを拾いにいく

Q61 試合の反省はどう生かせばいいですか？

A ノートをつくって課題をメモしよう

勝っても負けても試合が終われば、どんなところがよかったか、ダメだったか、感じることがあるはずです。それは、もっと成長するためのエッセンス。試合が終わったらプレー内容を振り返り、ノートに感じたことを書きとめる習慣をつけましょう。

とくに相手のどんなショットで失点していたか、考えることが成長のカギです。ノートはときどき見返して、成長を感じるのもよいですし、同じ失敗をくり返しているな、と感じれば、弱点を克服する練習に努めてください。

試合だけでなく、練習のあとも日誌をつけよう

✋ ココが大事！

練習試合では課題を持って入る

練習試合では、「練習した新しいショットを使うぞ！」「苦手なバック奥をしっかり打つ」など、何か課題を持って入りましょう。日々の練習でもノートをつけて、課題を研究すると上達につながります。

Q62 ケガをしてしまったら どうすればいいですか?

A RICE療法で応急処置をします

覚えておきたい応急処置法「RICE療法」

① Rest (レスト:安静)

ケガをしたら、まず安静にする。ケガした個所を無理に動かすと、炎症が増して悪化してしまう。動かすと痛かったら添え木などで固定する。

② Icing (アイシング:冷却)

氷や氷水を入れたビニール袋をケガした個所に当て、20分くらい冷やす。無感覚になってきたら、いったんアイシングをやめて40分くらい休んだら、また20分くらい冷やす。凍傷のリスクがあるので、20分以上は当てない。

バドミントンで多いケガは、肉離れや、足首、ひざ、ひじのねんざなどです。試合や練習中にケガをしたら、「RICE療法」で応急手当をしましょう。RICEとは、Rest（安静）・Icing（冷却）・Compression（圧迫）・Elevation（挙上）の４つの処置の頭文字です。なるべく早くRICE処置を行えば、内出血や腫れ、痛みを抑え、早い回復が望めます。応急処置が終わったら、できるだけ早く病院で診てもらいましょう。

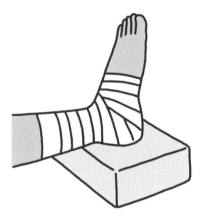

③ Compression
（コンプレッション：圧迫）

ケガした個所にテーピングなどを巻いて圧迫し、腫れや内出血を抑える。

④ Elevation（エレベイション：挙上）

ケガした個所を心臓より高い位置に挙げる。ケガした個所に座布団やクッションを置くだけでも構わない。

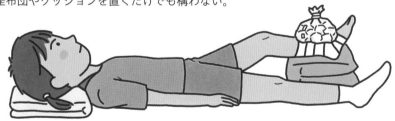

ココが大事！　救急セットや氷はチームで用意

万が一のケガに備えて、試合にも練習にもチームで救急セットを用意しておきましょう。試合には必ず氷も用意し、いつでもアイシングできるようにしておきます。

131

Q63 試合後のクールダウンは何をすればいいですか？

A 親子でパートナーズ・ストレッチをしましょう

体を激しく動かした試合や練習のあとは、筋肉や腱をしっかり伸ばす"静的ストレッチ"を行いましょう。ここでは、親子でできる下半身の"パートナーズ・ストレッチ"を紹介します。バドミントンは下半身が疲れやすいので、このストレッチはできれば毎日行ってください。上半身のストレッチは、自分でできるルーティンを持ちましょう。

やってみよう クールダウンの静的ストレッチ

すべて30秒、左右2セットずつ、合計4セット行う

1 太もも前側

最初の体勢

大人は、こどもの腰が動かないように、伸ばした左足を押さえる。右手でこどもの右足首を持ち、右ひざを曲げる

動かし方

大人は、右かかとが座骨（お尻の骨）に当たるようにひざを曲げていく。ひざがねじれない方向に押し込むこと

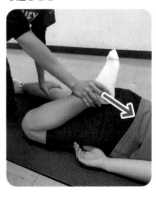

2 太もも裏側

最初の体勢

大人は、こどもの腰が動かないように左手で左ももを押さえ、右肩に左のかかとをのせる。ひざが曲がらないように右手で押さえる

動かし方

大人は右肩にこどもの左足首をのせ、太ももの裏が伸びるように前へ乗り出す。足首を正面、内側、外側それぞれに向け、ストレッチする。腰を浮かさないように注意する

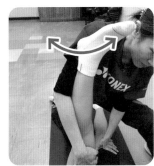

3 太ももの内側①

こどもは両足の裏を合わせる。大人は両ひざを均等の力でグーッと押す

4 太ももの内側②

こどもの腰が浮かないように左手でこどもの右ももの付け根を押さえる。右すねにこどもの左ふくらはぎを軽くのせたら、足首を持って床と平行になるように太ももを動かす

133

5 股関節の前側

こどもは右ひざをつき、左ひざは体の前で立てる。大人は斜め上から両手でお尻をグーッと押す。体がねじれないよう注意する

6 太ももの外側

大人はこどもの右腰が浮かないように左手で骨盤を押さえる。こどもは伸ばした左脚の上に右脚をクロスさせる。大人は、こどもの右ふくらはぎに自分のすねをあて、足首を持ってグーッと押す

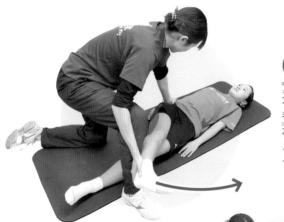

7 足関節&すね

最初の体勢

大人は正座して太ももの上にこどもの伸ばした脚をのせる

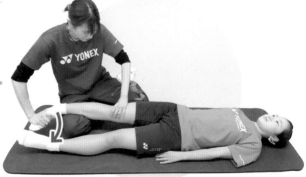

動かし方

大人は、こどものつま先をつかみ、足首を内側にねじって、足関節とすねを伸ばす

134

8 ふくらはぎ①

こどもはうつぶせになり、ひざを曲げる。大人は、こどもの足の前半分をグーッと押す

9 ふくらはぎ②

最初の体勢

大人は正座して、右太ももの上にこどものふくらはぎをのせて、右手でかかと、左手で足首を持つ。右腕にこどものつま先をひっかける

動かし方

大人は右手で持ったかかとを支点にして、体重をこどものつま先にのせてふくらはぎを伸ばす

ひざを曲げない

🤞 ココが大事！

痛くなるまでやらない

こどもが痛さを感じるまで押すと、ケガの原因になるので注意しましょう。また、大人が「いま、ふくらはぎを伸ばしているよ」などと伝えると、こどもが伸びている個所を意識できるようになるのでストレッチ効果がアップします。

審判員を務めるために覚えておくべきことは?

公式試合では、コートのまわりに「主審」「サービスジャッジ」「線審」という審判員がいます。小学生はまだ公式試合で審判員を務めることはできませんが、フェアプレーを実践するためにもルールを覚えておくのはよいことです。まず練習試合で線審を経験してみましょう。

審判の役割と配置 (線審4人のケース)

線審
担当するライン付近に落ちたシャトルが「イン」か「アウト」か判定する

主審
おもにスコアを管理したり、「フォルト」(反則)や「レット」(プレーのやり直し)など、試合進行に関するコールをする

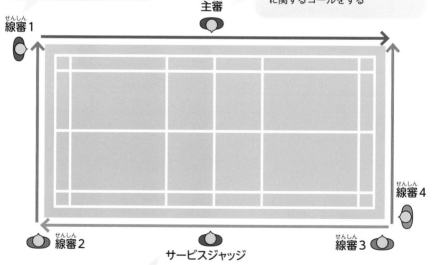

サービスジャッジ
サーバーが正しくサービスを打っているか判定する

＊線審は最多で10名まで配置できる

A 最初に線審の役割を覚えましょう

線審の合図

線審が覚えるべき合図は「イン」「アウト」「見えない」の3種類です。

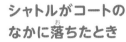

シャトルがコートのなかに落ちたとき

「イン」

伸ばした右手で担当ラインをさす。「イン」とコールはしない

アウト！

シャトルがコートの外に落ちたとき

「アウト」

両腕を水平に伸ばす。落ちた場所が遠くても大きな声で「アウト」とコールする

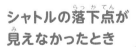

シャトルの落下点が見えなかったとき

両手で目をおおって主審に合図する

こちらもチェック → P17 イン＆アウト

137

さくいん〈用語解説〉

おもな掲載ページを紹介します

ア行

アウト…P17、P110、P111、P137

ラリー中のシャトルが最初に床に接地した際、コートの外にシャトルがある状況

アタック（攻めの）ロブ…P46、P49、P55

攻撃的なロブのこと。守りのロブよりやや低い弾道を描いて飛ぶ

イースタングリップ…P24

ラケットの握り方のひとつ。グリップを握ったとき、ラケット面と床が垂直になる

イン…P17、P137

ラリー中のシャトルが最初に床に接地したとき、コートの中にシャトルがある状況

インターバル…P15、P127

試合中にとられる合間の時間

インパクト…P22

シャトルがラケット面に当たる瞬間のこと

ウエスタングリップ…P24

ラケットの握り方のひとつ。グリップを握ったとき、ラケット面と床が平行になる

ウォーミングアップ…P125

ケガを防止したり、体がすぐ動くように、試合や練習の前に行う準備運動のこと

エンド…P15

ネットによって区切られたコートの2つのエリアのこと

オーバーヘッド…P28、P33

頭より高い位置で打つときのラケットの振り方

オールアタック…P106、P108

練習方法のひとつ。練習する人は、どんなときも床に一直線に速く飛ぶスマッシュやプッシュ、または床と平行に速く飛ぶドライブなど、攻撃的なショットで打ち返さなければならない

オールロング…P56、P108

練習方法のひとつ。練習する人は、どこに打たれてもクリアーやロブを使い、コート奥に返さなければならない

カ行

回外運動…P30、P31、P44、P45

リストスタンドした状態で、ひじを支点にし、「手の甲」を上向きから下向きに返すときの前腕の動き

回内運動…P30、P31、P44、P45

リストスタンドした状態で、ひじを支点にし、「手のひら」を上向きから下向きに返すときの前腕の動き

サ行

ばれている

半身…P35

おもにオーバーヘッドのショットを打ちにいくとき、右足を体の後ろに引き、おへそをサイドラインに向けた体勢のこと

フォア（側）…P50、P52、P53、P64、P85

ラケットを持った手の側のこと

フォアハンド…P82

ラケットを持った手の側に飛んできたシャトルを打つときの手の状態

フォーメーション…P98、P100

ダブルスの陣形のこと。攻めるときのフォーメーションは「トップ＆バック」、守るときのフォーメーションは、「サイド・バイ・サイド」という

フォルト…P16

相手サイドに得点が入ると定められたプレーやふるまいのこと

フォロースルー…P22

インパクトのあとのラケットの動きのこと

プッシュ…P70、P71

ネット前から相手コートの床に向かって一直線に打つショット

フットワーク…P35、P51、P53、P60〜P63

コート内での足の動きのこと

ヘアピン…P72、P73、P116

ネット前から相手のネット前に短く打つショットのこと

ラ行

ラインクロス…P92

フォルトのひとつ。俗称。サービスを打つとき、コートのラインを踏んだり、越えたりしたときの反則

ラケット…P10、P25

シャトルを打つ道具

リストスタンド…P27、P30、P31

イースタングリップでラケットを持ち、親指を上にして、手首を立てた状態のこと

レシーブ…P74〜P77

相手のサービスやスマッシュ、プッシュなど、攻撃的なショットを打ち返すこと

レシーブコート…P18、P19

サービスをレシーブしてもいいエリアのこと

ローテーション…P100、P101、P106

ダブルスの試合で状況に応じて、フォーメーションを変えること

ロブ…P42〜P57

アンダーハンドでコート奥に高く深く打つショットのこと。ロビング

ロングサービス…P82〜P87

高く深く飛ばすサービスのこと

ロングサービスライン…P12、P83

サービスを奥へ打つ際の境界線。シングルスとダブルスではラインが異なる

ゆめちゃん

いまバドミントンに夢中です！
もっと試合で勝ちたいな

マナブくん

ぼくも！ もっと練習して
オリンピック選手になりたい

松村先生

バドミントンを好きになってくれたら
先生もうれしいです

おわりに

　青梅ジュニアは、1992年、地域のこどもたちにバドミントンの楽しさを知ってもらいたくて始めました。基礎からじっくり育てようと、正しい打ち方に重点を置き、基礎体力を向上させるために、体育館では身近にある物を使ってさまざまなトレーニングを毎回、行っています。

　こうした結果、全国小学生選手権大会では、31回大会中26回出場、また11年連続全国入賞、小学生の団体戦「若葉カップ」でも男女とも優勝をしています。今は日本代表として活躍する卒業生もいます。しかし、何よりうれしいのは多くのOB・OGがバドミントンを生涯の楽しみとしていること。みなさんもバドミントンを通して日本中に友だちを増やし、生涯スポーツとしてバドミントンをいつまでも楽しんでください。

[著者] 松村美智子

1958年生まれ、福井県出身。福井県立鯖江高時代、県大会シングルス3位。日本女子体育大卒（陸上部に所属）。結婚を機に東京都青梅市に住み始め、1992年、青梅ジュニアを創設、監督・代表を務める。プレーヤーとしても現役で、全日本シニア女子ダブルス3位4回、混合ダブルス2位1回。また日本スポーツマスターズでは東京都女子代表選手兼監督として、結果を出している。23年現在、東京都小学生バドミントン連盟競技部長・強化部員を務める。一男一女の母、孫2人。

[協力] 松村将司・松村愛美

著者の長男と長女でともに理学療法士。本書では、クールダウンと応急処置のページを担当。愛美さんは、青梅ジュニアのコーチとしてチーム指導を行い、ケガ防止やボディケアの対応にもあたっている。

[撮影協力] 青梅ジュニアのみなさん

1992年にスタートした青梅ジュニアは、東京都・青梅市近辺の小中学生を対象に活動している。年齢やレベルによって練習は週1回から6回。2012、21年若葉カップ優勝、全国小学生大会で武井凜生が男子シングルス4〜6年生の部優勝（'13〜'15）、関根翔太／金本光巧が6年男子ダブルス優勝（'17）。渡邊杏梨／園田優奈（'21）が日本小学生バドミントンフェスティバル（全小代替大会）5年女子ダブルス優勝。後列右は、松村愛美コーチ。

デザイン　シーツ・デザイン
写真　　　菅原淳
イラスト　竹口睦郁、いのまたさとみ
編集　　　鈴木快美

こどもスポーツ練習Q&A
やってみようバドミントン

2024年2月29日　第1版第1刷発行

著　者／松村美智子
発行人／池田哲雄
発行所／株式会社ベースボール・マガジン社
　　　　〒103-8482
　　　　東京都中央区日本橋浜町2-61-9　TIE浜町ビル
　　　　電話　03-5643-3930（販売部）
　　　　　　　03-5643-3885（出版部）
　　　　振替口座 00180-6-46620
　　　　https://www.bbm-japan.com/
印刷・製本／共同印刷株式会社

©Michiko Matsumura 2024
Printed in Japan
ISBN978-4-583-11485-9　C2075